产业
数字金融

邵平 著

中信出版集团 | 北京

图书在版编目（CIP）数据

产业数字金融/邵平著. -- 北京：中信出版社，
2023.7
　　ISBN 978-7-5217-5749-1

Ⅰ.①产… Ⅱ.①邵… Ⅲ.①数字技术－应用－金融业－产业发展－研究－中国 Ⅳ.① F832-39

中国国家版本馆 CIP 数据核字（2023）第 093378 号

产业数字金融
著者：　邵平
出版发行：中信出版集团股份有限公司
　　　　（北京市朝阳区东三环北路 27 号嘉铭中心　邮编　100020）
承印者：　河北赛文印刷有限公司

开本：787mm×1092mm 1/16　　印张：17.5　　字数：200 千字
版次：2023 年 7 月第 1 版　　　　印次：2023 年 7 月第 1 次印刷
书号：ISBN 978-7-5217-5749-1
定价：69.00 元

版权所有·侵权必究
如有印刷、装订问题，本公司负责调换。
服务热线：400-600-8099
投稿邮箱：author@citicpub.com

目 录

序 言 / 003

第一篇 科技、金融与产业

第一章 从科技革命看金融、产业与科技的关系 / 003

第二章 推动数字经济高质量发展 / 049

第二篇 产业数字金融的内涵与意义

第三章 产业端金融供给现状及痛点 / 081

第四章 解决产业端金融供给痛点的探索 / 095

第五章 产业数字金融的诞生 / 121

第六章 产业数字金融的意义与价值 / 139

第三篇　产业数字金融的创新实践与发展模式

第七章　产业金融的创新探索 / 153

第八章　产业数字金融的发展模式 / 191

第九章　构建更完备的产业金融信用体系 / 199

第十章　产业数字金融的实践方法 / 207

第四篇　发展产业数字金融的建议与展望

第十一章　产业数字金融的关键问题及挑战 / 225

第十二章　产业数字金融的实践及建议 / 235

第十三章　产业数字金融的趋势与展望 / 251

序　言

　　新时期、新格局，提升产业链的稳定性与竞争力事关重大。世界正在经历百年未有之大变局，在新冠肺炎疫情、经济全球化退潮、国际竞合关系演变、全球产业链供应链调整的背景下，重振以制造业为主体的实体经济，已经成为大国竞争博弈的战略重心。国与国之间的竞争背后是纵横交错、相互关联的产业链供应链的竞争，产业链供应链的供给韧性深刻影响着我国经济韧性。党的十九届五中全会指出，要将"提升产业链供应链现代化水平"作为加快发展现代产业体系、推动经济体系优化升级的重点任务。党的二十大报告中明确指出，要加快建设现代化经济体系，着力提升产业链供应链韧性和安全水平。提升产业链供应链现代化水平，形成具有更强创新力、更高附加值、更安全可靠的产业链供应链，是构建新发展格局、推进中国式现代化发展的题中之义。

　　经济是肌体，金融是血脉。服务实体经济是金融本源，更是具有中国特色金融体系的重要内涵。提升金融服务产业链供应链的能力，增强产业链现代化程度和供给韧性，是金融必须扮演的角色和承担的责任。2022年中央经济工作会议强调，要推动"科技—产业—金融"良性循环。金融发展与产业发展、科技进步相辅相成，尤其是在科技革命的大背景下，金融发展只有以解决问题为导向，灵活运用科技革命的成果，才能发挥更大价值，不负历史使命。因此，在第四次科技革命的当下，以数字技术、数据要素推动金融创新、系统性解决产业链供应链金融供求难题，是数字时代金融服务经济高质量发展的重要举措。

产业端金融供给不平衡不充分、中小企业融资难融资贵问题一直以来既是中国难题也是世界难题，其系统性解决没有"作业"可抄。作为一名金融老兵，我一直在思考如何才能更好地解决上述问题。我和我的团队一直关注数字技术的创新应用，并开展了很多探索实践，发现了以数字技术和数据要素解决产业端金融供求难题的可能性；产业互联网时代的大数据为识别风险提供了更优质的数据原材料，多项数字技术的集成赋能，又使产业数据具备了金融风险管理的参考价值，为风控技术的创新提供可能，为交易信用的揭示提供了手段，在技术上，金融机构开展产业金融数字化转型的时机已经成熟。

同时，我国的金融体系和产业发展有自己的特点。一方面，我国金融体系以银行类金融机构为主导，以银行贷款为主的间接融资在企业的融资结构中占比最高，金融服务实体经济的主要发力方在银行等金融机构；另一方面，制造业是实体经济的基础，是振兴实体经济的主战场，但制造业产业链金融供给不平衡不充分问题突出，金融的资源配置功能有待优化发挥。同时，中国人民银行在《金融科技发展规划（2022—2025年）》中明确指出，新一轮金融科技发展要以加快推进金融机构数字化转型为主线，发展的主战场转向银行等金融机构。根据以上特点，立足我国实际，重点推动银行类金融机构产业金融数字化转型，着力破解制造业金融服务供给难题，是数字时代解决我国产业端金融供给不平衡不充分、中小企业融资难融资贵问题的关键。

基于前述认识，我在2020年提出了"产业数字金融"的理念，并一直在探索和完善以产业数字金融理念提升金融服务实体经济能力与质效的方式方法。党的二十大报告首次系统阐明了习近平新时代中国特色社会主义思想的世界观和方法论，为推进银行类金融机构数字化转型带来更多启发，为践行产业数字金融事业按下了确认键。其中，一个重要原则就是坚持"守正创新"。数字化转型带来创新发展，但创新的前提和基础是"守正"。守正，意味着要认清并遵循事物发展本质规律，要求我们首先要深刻理解数字经济以及数字化转型的内涵。数字经济时代不同于工业经济时代，具有万物互联、VUCA（即易变性、不确定性、复杂性、模糊性）、生态融合、价值共生、数据驱动等新特点。其中，生态融合是核心，彼此越融合，越相互赋能，价值创造就越大。因此，银行类金融机构数字化转型绝非局部的小修小补，而是将数据融入全流程、重塑价值创造模式的过程，涉及战略理念、经营模式、组织架构等各方面的调整，是一项系统、全面、长期的工作。银行类金融机构高质量的数字化转型虽然有赖于信息化的基础，但不能与信息化逻辑简单地画等号。

"坚持问题导向"也是新时代中国特色社会主义思想的世界观和方法论给银行类金融机构数字化转型带来的一个重要原则。银行类金融机构数字化转型要以问题为中心，明确数字化转型的目的，而非为了数字化而数字化。通过数字化转型，进一步甚至是系统性解决产业链供应链上中小企业的融资难融资贵问题，这是银行类金融机构高质量数字化转型的核心目的。

产业数字金融是顺应数字经济时代规律的金融服务实体经济的一次革命性创新，通过银行类金融机构产业金融服务的数字化转型，系统性解决产业链供应链上中小企业融资难融资贵问题，服务中国经济高质量发展。产业数字金融既是银行类金融机构产业金融数字化转型的核心路径，同时也是新时代建设中国特色金融体系的重要一环。

产业数字金融模式需要银行类金融机构在产业金融数字化转型过程中实现观念的改变、流程的再造、能力的提升，通过推动金融机构实现业务场景化、资产数字化、风控智能化、经营服务生态化"四化"发展，打造"主体信用＋交易信用"更完备的风控体系，能够破解长期以来金融机构对中小企业交易背景和底层资产看不清、摸不透、管不住、信不过等痛点，推动金融服务惠及更多中小企业，提升金融服务产业链供应链的能力。2022年初，中国银保监会出台《关于银行业保险业数字化转型的指导意见》，把积极发展产业数字金融放在了"业务经营管理数字化"部分的第一条，使其成为重中之重，为银行等金融机构对公业务数字化转型指明了方向。与消费互联网时代的消费金融服务不同，产业互联网时代的产业数字金融服务高度定制化，需要根据不同产业链的实际情况和需求进行定制化场景和系统的搭建，规模经济不如消费端显著。因此，需要在集成产业数字金融共性能力的基础上，以开放性、模块化架构支持因链制宜、因时制宜地定制化开发，实现产业数字金融服务平台系统的高效搭建。

我国拥有全球规模最大、门类最全、配套最完备的制造业体系，在诸多全球领先的行业和领域形成产业集群，为数字时代产业数字金融的革命性创新实践提供了绝佳的"试验田"和"用武之地"。数字时代的规模效应，使规则上哪怕只有1%的改变，也会带来系统上的巨大变化。据粗略测算，我国实体企业应收账款、应付账款和存量固定资产总额超100万亿元，如果通过在全社会大力发展产业数字金融，那么每降低企业对这两种资产融资利率的1%，就能为实体企业释放总量超过1万亿元的融资成本。这在社会融资成本较高的民营中小微企业中效果将更加显著。因此，继消费互联网时代移动支付、数字普惠金融等国际领先的创新实践后，相信产业数字金融模式也会为产业端金融供给的世界难题提供中国方案，其意义不言而喻。

目前，产业数字金融尚处于发展初期，需要各方共同努力构建开放合作、价值共生的产业数字金融生态。金融机构要在吸取消费数字金融发展经验的基础上，将数字思维注入金融服务全流程，全面推进业务经营管理数字化，增强数据能力、科技能力、风险防范能力建设，使金融机构能够"走进产业看产业"。科技公司也要能力升级，明确赋能与链接者的定位，做金融机构懂技术、懂金融又懂产业的科技合作伙伴，金融机构产业金融数字化转型的陪伴者和赋能者，以及金融与产业端以数为媒的桥梁。产业企业要在提高自身数字化转型意识和数字化能力的同时，实现产业企业与金融机构数字化转型同频共振，并在此基础上积极将企业数据转化为信贷动能，实现银企高效对接。政府部门及监管机构需要进一步加快数据基础制度建设，推进数据共享，鼓励金融机构探索创新与数字时代俱进的风控及授信评级体系，引导产业数字金融生态的构建。产业数字金融生态的构建是一件正确但不容易的事情，愿与各位同人并肩奋进，立足新时代，为产业金融数字化转型提供新思路，为走出一条具有中国特色的金融服务实体经济高质量发展的道路贡献力量，更好地支持中国经济高质量发展，扎实推进中国式现代化。

产业数字金融的理论基于对数字经济发展规律、对产业金融服务本质的理解，吸取了消费互联网时代金融科技发展的经验教训，并在实践中逐步构建，书中观点主要来自我与团队和合作伙伴在探索实践过程中的阶段性总结。希望本书能够更好地帮助各位读者了解产业数字金融发展的底层逻辑、内涵特征、路径做法、问题挑战、行动方向、前景展望等。本书共分为四篇十三章。第一篇包括第一章和第二章，在研究、总结历次科技革命中金融发展、产业发展与科技进步关系的基础上，立足中国实际、聚焦核心问题，梳理并分析第四次科技革命的当下我国金融创新的思路和方式。第二篇包括第三章到第六章，在系统分析产业端金融供给现状及痛点以及相关探索经验的基础上，提出问题的破解之道，并在此基础上阐述产业数字金融的内涵、特点及价值。第三篇包括第七章到第十章，本篇从丰富多元的产业金融创新实践中精选出类型不同、创新性强、特点明晰、方法各异且取得一定成果的案例进行展示与分析，并在此基础上提出产业数字金融的发展模式、信用体系和最佳实践方法。第四篇包括第十一章到第十三章，系统阐述产业数字金融进一步发展所面临的挑战，就如何守正创新、行稳致远发展提出意见和建议，并对产业数字金融的未来进行展望。

本书的创作要感谢北京大学工学院、北京大学光华管理学院、中国技术经济学会、工业和信息化部中小企业发展促进中心、清华大学互联网产业研究院、产业数字金融技术应用实验室、中国互联网金融协会等的鼎力相助，感谢聚量集团和聚均科技团队忘我的付出、创新和贡献，感谢我的家人对我的理解、包容和无私的支持。产业数字金融发展方兴未艾，相关研究和探索尚处于早期阶段，还需要理论与实践不断地融合共进。本书抛砖引玉，希望引发更多的思考和探索，也欢迎广大读者交流、批评与指正。

第一篇

科技、金融与产业

科技、金融与产业之间的关系问题长期受到国内外学者的广泛关注，大家从不同的视角切入展开研究，取得了丰硕的成果。① 本篇梳理了历次科技革命中金融发展、产业发展与科技进步的关系，明确在科技革命的大背景下，金融发展只有以解决问题为导向、灵活运用科技革命的成果，才能发挥更大价值，不负历史使命。因此，在第四次科技革命的当下，以数字技术、大数据推动金融创新、解决经济发展中的迫切问题，是数字时代金融服务产业发展的重要举措。

　　发展数字经济是把握新一轮科技革命和产业变革新机遇的战略选择。当前，我国已经具备做强做优做大数字经济的战略优势、经济优势、创新优势和新型基础设施建设优势，金融数字化转型也在加快推进，并取得了阶段性成果。金融业要为我国深度参与甚至引领第四次科技革命、发展数字经济、服务实体经济做出贡献，就需要以解决问题为导向，立足我国金融体系、产业发展实际，创新金融技术、模式、理念，在消费互联网时代的移动支付、数字普惠金融等创新实践后，继续为产业端金融供给的世界性难题提供中国方案，承担起中国金融在数字时代的历史使命。

---

① 杨哲.金融发展与科技创新的协同关系研究［D］.天津：天津财经大学，2017：33-34.

第一章

从科技革命看金融、产业与科技的关系

近年来，互联网、大数据、云计算、人工智能、区块链等技术加速创新，日益融入经济社会发展各领域的全过程，数字经济发展速度之快、辐射范围之广、影响程度之深前所未有，正在成为重组全球要素资源、重塑全球经济结构、改变全球竞争格局的关键力量，世界已经进入数字经济时代。经济是肌体，金融是血脉。如何在数字经济时代背景下推动金融发展，是每一个金融机构必须回答的新课题。

金融发展和创新从来都不是独立产生的，而是与产业发展、科技进步息息相关的。其中，科技革命背景下的金融发展与产业变革更加生动直观地体现了金融、产业、科技三者之间的关系。系统地对前三次科技革命过程中金融发展、产业发展与科技进步之间的关系进行回顾和研究，有助于我们更好地理解第四次科技革命大背景下金融所处的位置，为金融"怎么做"这一问题提供解决思路。

一、金融发展、产业发展与科技进步的辩证关系

金融发展、产业发展与科技进步之间通常呈现良性互动的关

系（见图 1-1）。就科技与产业的关系而言，科技进步会不断解放生产力，变革信息生产和传输方式，推动产业发展；同时，产业的不断发展也会反哺和推动科技进步，扩散科技创新成果。就金融与科技的关系而言，一方面，科技进步通过改变经济发展范式间接影响金融创新，通过改变金融产品服务模式直接影响金融创新；另一方面，金融创新对科技发展乃至工业革命都有非常重大的影响力，"工业革命不得不等待金融革命"。就金融与产业的关系而言，金融促进产业发展，产业高质量发展有利于激发金融创新活力。但是，科技进步、产业发展和金融危机之间也存在一定的关联性，因此需要政府及监管部门、金融机构、社会组织等各界各方与时俱进、审时度势，有效防范金融风险。

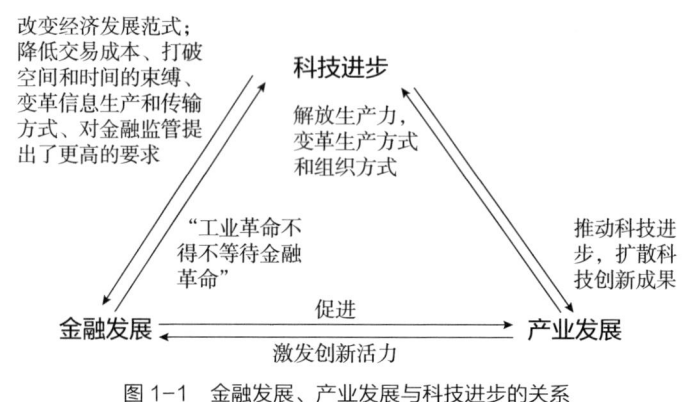

图 1-1 金融发展、产业发展与科技进步的关系

（一）科技进步推动产业发展，产业发展反哺科技进步

科技进步会不断解放生产力，变革信息生产和传输方式，推动产业发展。例如，第一次科技革命（蒸汽革命）发生于 18 世纪 60 年代，以瓦特成功改良蒸汽机为起点和标志。在第一次科

技革命爆发时，作为工业革命发源地的英国，在原有重商主义的指导下拓展海外市场，以工业品的大规模输出塑造并维持其国际地位。与此同时，科技革命使英国的手工工场逐渐蜕变为工业工厂，采煤、冶金、交通等新兴领域获得极大发展，手工艺生产方式逐渐为机器大规模生产所取代。随着第一次科技革命的创新成果不断扩散，人类步入蒸汽时代，工业生产力得到大幅提升。第三次科技革命（信息革命）始于20世纪中叶，以原子能、电子计算机、空间技术和生物工程的发明及应用为主要标志。到了第三次科技革命时期，经济社会发展所依赖的煤炭、石油等石化资源逐渐枯竭，可再生能源逐渐作为新能源登上历史舞台。信息技术不断发展，生产系统全面趋于信息化，并开启了部分数字化进程，以3D（三维）打印技术、互联网技术为代表的个性化、定制化新型生产方式逐渐取代了过去大规模、标准化、流水线的生产方式，生产组织方式也从集中生产、全球分销逐渐演变为分散生产、就地销售，生产效率大幅度提高，生产、管理、运输成本有所降低，人们的生产和生活需求得到了更大程度的满足。

科技进步对产业的推动作用

科技进步对产业的推动作用会随着时间的推移而持续增强。以第一次科技革命为例，根据2021年尼古拉斯·克拉夫茨（Nicholas Crafts）发表于《经济史评论》的论文《理解工业革命中的生产力增长》，第一次科技革命发生及之后的1770—1800年、1800—1830年、1830—1860年的全要素生产率的年平均增长率分别为0.26%、0.38%、0.76%。相比于英国从17世纪60年代到18世纪60年代近百年里0.01%

的全要素生产率的年平均增长率,第一次科技革命的前30年全要素生产率的年平均增长率就已经增长了20多倍。到了第一次科技革命的末期(1830—1860年),全要素生产率的年平均增长率已达到0.76%。这是因为新技术的推广使用一般是从有限的产业、场景开始,随着应用程度的加深和效益的提升不断扩展到各个领域。例如,改良蒸汽机在发明出来以后,并没有立刻实现大规模应用。这项技术成果的早期应用主要集中在棉毛纺织、钢铁、贸易和交通等行业,这些行业在全要素生产率的年平均增长率中的贡献率近60%。直到1825年,英国蒸汽机总数达到约1.5万台,总功率达到约37.5万马力[①],蒸汽机才被普遍应用到各个领域——英国工业进入高速增长阶段,全要素生产率的年平均增长率进一步提升。

产业的不断发展也会反哺和推动科技进步,扩散科技创新成果。在第一次科技革命时期,市场需求引发的技术创新机制带来了棉纺织部门机器生产的广泛应用、蒸汽新能源动力的利用,以及化工领域漂白、印染方法等的创新变革。[②] 在第二次科技革命进程中,美国很多大公司成立了研究实验室以推动科技进步。其中,通用电气公司和杜邦公司成立的实验室成为现代工业研究实验室的典范。经济发展促进了社会财富的积累和市场规模的扩大,庞大的投资总额和巨大的社会需求提高了社会对科技研发的支持力度,科研人员之间有了更多交流和反馈的机会,也让科技创新成果的承载物——产品行销各地,进而使科技创新在更大范

---

① 1马力约等于0.735千瓦。
② 马瑞映,杨松.工业革命时期英国棉纺织产业的体系化创新[J].中国社会科学,2018(8):184-193.

围、更多领域、更多层次上得以传播、交流、推广和应用，推动科技的持续进步。

（二）科技进步助推金融创新，金融创新推动科技发展

科技进步通过改变经济发展范式间接影响金融创新，通过改变金融产品服务模式直接影响金融创新。

一方面，科学技术（尤其是划时代的科学技术）通过改变经济发展范式来间接影响金融创新。例如，第一次科技革命的改良蒸汽机和第二次科技革命的电力或许不会直接影响金融的发展，但是它们会引起经济社会生产、生活模式的变化，在解放全人类生产力的同时，也在某种程度上改变了金融看待产业的方式和服务对象，进而间接改变了服务模式。尽管有些金融产品服务创新并不直接与某些技术有关，但是所有金融创新的背后都可以找到技术因素的支持。

另一方面，科学技术能够直接引起金融产品服务模式的变革。例如，在第三次科技革命的过程中，信息技术的广泛应用将金融产品服务从线下迁移到线上，金融电子化、信息化快速发展，网络银行、手机银行等新型业务模式不断涌现。在第四次科技革命的进程中，数字技术和数据要素改变了数据采集、整理、分析的方式和风险管理的思路，引起了风险管理模式和服务模式的变革。科技进步对金融的影响程度不一、影响范围也不相同，但总体来说，科技进步能够降低金融的交易成本，帮助金融不断打破空间和时间的约束，变革信息生产和传输方式。同时，科技进步也对金融监管提出了更高的要求。

第一，降低交易成本。金融业一直对交易成本有着极强的敏感性。技术的进步一定程度上改变着金融业务的模式、流程和产品，改善了信息生产和传输效率，降低了交易成本，从而对金融的创新和发展产生了巨大的影响。另外，金融创新在很大程度上也是为了降低交易成本，著名经济学家约翰·希克斯和杰戈·尼汉斯提出的金融创新理论认为，交易成本下降是金融创新的主要动机。

第二，摆脱空间和时间的制约。著名金融学家罗伯特·默顿和滋维·博迪认为，金融最基本的功能是在时间和空间上转移资源。货币的价值是随着时间和空间的变化而变化的。科技的发展往往伴随着通信工具和交通运输工具的变化，从而压缩了时间和空间，降低了信息的沟通成本和交易成本，促进了金融资源的优化配置。在第一次科技革命时期，企业家要想得到金融贷款，就必须面谈面签，周期往往很长；而到了第二次科技革命时期，电话和电报的发明与普及，允许金融贷款业务中的部分手续通过电话和电报办理；在第三次科技革命时期，大多数业务通过网络银行来办理；在此基础之上，在第四次科技革命时期，通过智能分析等技术，客户还能够随时随地享受网络金融服务。

第三，变革信息生产和传输方式。金融的基本功能包括生产信息，而每一次科技革命都会引发信息生产和传输方式的变革。尤其是第四次科技革命，金融机构通过5G（第五代移动通信技术）、物联网、区块链等数字技术，对海量、多维的产业企业数据进行采集、整理、分析，打开了企业生产经营的"黑匣子"，使这些数据更加真实可信且能够实时、动态地反映企业的生产经营状态，带来风险管理和服务模式的变革。

第四，科技进步对金融监管提出了更高的要求。科技进步能够改变信息的生产、传输和分析方式，从而引起金融风险形态的变化，风险的突发性、隐蔽性、破坏性可能会更强，这些都对金融监管的实时性、精准性、可防范性等提出了更高的要求。尤其在当下，第四次科技革命正在发生，监管者需要树立数字发展理念，充分运用数字技术解决网络安全、数据安全、隐私保护、投资者保护等一系列问题。

尽管科技进步对金融发展有着重要影响，但是纵观科技的发展过程，金融发展对科技的推动作用也不容忽视。科技创新具有投入成本高、周期长、风险大等特点，从科技研发到成果转化应用，再到市场开拓、产生效益和投资回报，每个阶段都需要大量资金支持。金融作为社会资源配置的枢纽，既能为科技创新活动提供资金支持，又能为规避化解创新风险提供金融工具和制度安排。因此，科技创新离不开金融的创新发展和助推，活跃的金融市场、畅通的融资渠道和良好的金融环境是科技创新和经济高质量发展的重要保障。

如果技术发明应用得比较早，但是没有适合的金融中介和金融服务，那么技术进步对经济发展的巨大影响就会推迟，技术甚至会成为资本的"玩具"。已经有研究证明，在技术扩散的过程中，企业在很大程度上受到金融服务和金融工具成本及可能性的限制，金融在技术扩散中起到了重要的作用。[1] 实际上，在第一次科技革命发生之前，蒸汽机技术就已经成熟。但是，如果将蒸汽机技术广泛应用于纺织、采煤、交通运输等领域，则必须等待

---

[1] 王旭，徐喆. 现代技术对金融影响的哲学思考 [J]. 辽宁经济，2004（3）：56–57.

英国商业银行体系建设完成后提供贷款投入。否则，第一次工业革命可能会推迟发生，或者在其他国家发生。诺贝尔经济学奖获得者约翰·希克斯在其著作《经济史理论》中指出："工业革命不得不等待金融革命。"

（三）金融促进产业发展，产业高质量发展有利于激发金融创新活力

金融促进产业迅速发展。一方面，金融为产业发展提供大规模的资金支持。金融作为储蓄和投资的桥梁，将小额的储蓄集聚起来，转化为规模较大、效率较高的投资，发挥规模经济的作用。金融创新丰富储蓄和投资的方式，吸引更多的资金投向有发展前景的产业项目。另一方面，金融创新优化资金配置，降低产业项目的运行风险。根据金融学家莱文·罗斯的观点，金融在投资贷款前会充分收集相关信息，并对这些信息进行专业的筛选、甄别和分析，使资金被分配到更有效率的生产环境中。在贷中、贷后阶段，金融对投资贷款的项目进行监督并影响公司治理，尽可能降低项目运行风险，充分发挥项目的价值。金融创新为贷前、贷中和贷后管理提供新的思维和工具，降低金融机构与企业之间的信息不对称程度，实现金融发展和产业发展双赢。

纵观历次科技革命的发展进程，第一次科技革命的产业企业需要金融机构提供廉价资金扩展工业规模，于是商业银行体系逐步建立，以短期借款和"短贷长投"的方式为产业提供流动性资金和长期发展资金；第二次科技革命的产业企业需要金融机构提供规模更大的长期资金为自身发展保驾护航，于是投资银行、全能型银行等新型银行逐渐兴起，通过拉近金融与产业之间的距离

全面提升风险管理能力，释放更多的资金；第三次科技革命涌现出众多科技型创新企业，其高投入、高科技、轻资产的特征凸显，需要金融机构改变传统的服务模式和风险管理方式，于是以风险投资和私募基金为代表的创业投资体系得以建立；第四次科技革命数字经济兴起，数字经济下产业形态、模式等各异，产业企业的生产经营周期、服务方式、组织架构等都发生了改变，金融需求更加多元，金融科技引领金融体系集成创新成为新时代金融服务产业发展的重要方式。

产业高质量发展有利于强化金融创新服务的信心和意愿，为金融按需提供定制化服务创造了更多条件。产业高质量发展能够进一步打造稳定的产业链供应链关系，改善和优化市场主体的资产负债结构，进而使金融机构对产业发展形成正向的预期，降低金融服务风险，进而有更强的意愿创新金融产品服务。数字经济时代，产业数字化转型发展能够积累更多的数据要素，建立便于金融机构对接的数字化系统平台，能够使金融机构更好地理解产业企业的生产经营需求，进而按需提供定制化服务。

（四）科技进步、产业发展与金融危机

当然，金融发展、产业发展与科技进步之间并不都是这样的和谐关系，科技进步、产业发展和金融危机也存在一定的关联性：科技进步会推动产业发展，产业部门边际产出上升，回报上升，经济不断发展。此时金融资本由观望转变为入场，投资新科技、新产业，继而经济进一步加快增长，进入繁荣期。达到极限以后，人们对新技术、新产业的预期利润下降，产出边际收益会递减，边际产量会下降，导致产业部门收益低于金融部门，经济

进入衰退期。资本追求高收益的特性,导致其从产业部门流入金融部门,科技部门的投资也会回流,进一步加剧了产业部门收益下降,严重影响科技部门的研发活动,加速经济衰退。大规模资本流入金融部门,极易助长金融投机、加高杠杆,以及过度使用复杂衍生品,从而引发道德风险等,增加金融危机爆发的可能性。特别是以超量增加货币供给甚至负利率等非传统方式来刺激经济发展时,金融不仅没能使"缺血"的实体经济获得资源补给,反而不断增加了自身养分。营养过剩尚是小事,催生经济泡沫继而泡沫破裂才是大灾。[1] 当经济处于萧条期的时候,整个过程又会反过来,经济又会再度复苏。

历次科技革命都没有逃脱这个周期规律。自第一次科技革命以来,英国经济走势呈现繁荣与萧条交替的特征。1815—1850年的30余年间,英国经济至少经历了4次程度不等的危机,每次危机都呈现价格下降、银行业和其他商业部门破产的状况。[2] 第二次科技革命期间的大萧条、第三次科技革命期间的互联网泡沫,都是科技、产业和金融周期规律的表现。

每当遇到金融危机,政府及监管部门都会出台政策来缓解其破坏性影响,帮助经济尽快复苏。当前处于第四次科技革命时期,数字金融蓬勃发展。相较于传统的金融风险,建立在5G、物联网、产业互联网基础上的数字金融的风险传导速度更快,行业、区域跨度更大,复杂性、危害性更强,导致系统性金融风险的可能性增加。因此,数字时代的监管部门需要更加深入了解当

---

[1] 刘珺. 金融、产业、科技周期研判 [J]. IMI研究动态,2016(17):17–18.
[2] 徐滨. 一八二五年英国金融危机中的政府应对及制度变革 [J]. 历史研究,2017(5):164–165.

前金融、产业和科技之间的关系，以数字思维和数字技术武装自己，做好预案和防范措施。

二、前三次科技革命中金融的使命与价值

科技革命是科学技术发展到一定程度后发生的质变，引发人类生产和生活方式的巨大变化。总的来说，历次科技革命都呈现出不同的产业、科技和金融特征（见表1-1）。

（一）第一次科技革命：现代商业银行体系

第一次科技革命发生于18世纪60年代，由英国率先发动，后来扩散到德国、法国、美国等国家，一直延续到19世纪中叶。这次科技革命以瓦特改良蒸汽机为起点，珍妮纺纱机、水利纺纱机、自动织布机、焦炉冶铁设备等发明应运而生，并在纺织、采煤、冶金、交通等领域得到广泛应用，手工业生产方式向机器生产方式迈进，现代工业兴起，蒸汽时代正式开启。现代商业银行体系在第一次科技革命过程中建立，以提供短期贷款和"短贷长投"的方式让资金涌入工商业，借助信用中介不断提升风险控制能力，为推动第一次科技革命贡献了力量。

第一次科技革命不是一蹴而就的，其诞生与当时的产业经济和金融发展情况息息相关。在金融方面，第一次科技革命前夕的英国，在18世纪初期就已经建立了实质上的金本位货币制度（法律上直到19世纪初才正式认可），英镑与黄金价格绑定，停止使用银币作为通货，结束了英国多年来实行复本位制造成的市场混乱局面，保证了市场的稳定。

表1-1 历次科技革命不同的产业、科技和金融特征

	代表性技术	生产关系特征		生产要素	重点产业	产业对金融的需求	金融服务	技术对金融的价值
		生产力	生产关系					
第一次科技革命	蒸汽机技术	机器生产力	产能经济：通过不断提升产能，提高效率，增加降低成本，供给抢占市场；产能越高，抢占的市场越多		纺织、采煤、冶金等	产业发展需要大规模廉价、稳定的资金	建立商业银行体系，以短期借款和"短贷长投"的方式为产业提供流动性资金和长期发展资金	通信和交通运输技术的创新应用打破了时空局限
第二次科技革命	电力技术	工业生产力	规模经济：通过大规模投入和生产组织方式的变革不断提升自身竞争力。随着产量的增加，平均成本不断降低，经济效益不断提升，竞争力持续增强	土地、劳动力、资本、技术	电力、化学等重工业部门	产业发展对资金量的需求更大，且对风控要求更高	建设全能型银行和投资银行，金融与产业关系更加紧密	

续表

| 代表性技术 | 生产关系特征 ||| 重点产业 | 产业对金融的需求 | 金融服务 | 技术对金融的价值 |
	生产力	生产关系	生产要素					
第三次科技革命	信息技术	以知识信息为基础的智能化生产力	网络经济：建立在计算机网络之上，以信息技术为核心，具有边际成本极低、示范效应极强、柔性化、多元化等特征	土地、劳动力、资本、技术	科技型创新创业企业	高投入、高科技、轻资产的特征凸显，需要金融机构改变传统的服务模式和风险管理方式	建立以风险投资和私募基金为代表的创业投资体系	信息技术的创新应用提升了流程再制的效率
第四次科技革命	数字技术等	以"ABCDE"为代表的数字技术和基于数据驱动的算法算力	数字经济：建立在数字技术和数据要素之上，具有万物互联、VUCA、数据驱动、生态融合和价值共生等特征	土地、劳动力、资本、技术、数据	传统产业升级和新兴产业发展	数字经济下产业形态、模式等各异，产业企业的生产经营周期、服务方式、组织架构等都发生了改变，金融需求更加多元	金融科技引领金融体系集成创新*	数字技术和数据要素系统改变金融的价值创造模式

注：" ABCDE" 分别代表 AI（人工智能）、Blockchain（区块链）、Cloud（云计算）、Data（大数据）、E-commerce（电子商务）。VUCA 是 Volatility（易变性）、Uncertainty（不确定性）、Complexity（复杂性）、Ambiguity（模糊性）的缩写。*参考：陈雨露.工业革命、金融革命与系统性风险治理[J].金融研究，2021(1)。

其中，1694年成立的英格兰银行发挥了两个方面的作用。一是英格兰银行主要向英格兰政府提供利率不断降低的长期贷款，直到1750年，政府借款利率降至全社会最低水平，并长期保持在3%左右的低利率水平（同期法国高达8%），基准利率正式形成，为各类社会融资活动提供了市场化参考指标，降低了金融活动的交易成本。二是英格兰银行的金融功能逐渐演变为中央银行。在英格兰银行建立运行以及《泡沫法案》出台的影响下，新型金融机构如雨后春笋般快速成长，初步形成了由英格兰银行、城市银行、乡村银行共同构成的银行网络，为科技革命的发生奠定了良好的金融基础。据统计，城市银行的数量从1750年的30家增长至1770年的50家，乡村银行的数量从1750年的10家发展到1784年的120家。英国在发行国债后，还发展了股票市场、企业债券市场，并成立了伦敦证券交易所等金融载体，为科技革命提供了廉价资金。

英国保险业的发展则略迟于银行业。1710年，伦敦保险人公司（后改称太阳保险公司）创立，接受不动产以外的动产火灾保险，业务遍及全国；10年后，伦敦保险公司和皇家交易保险公司正式成为经营海上保险的专业公司——至此，英国的金融体系基本完善。"南海泡沫"之后，英国比任何其他欧洲国家都更加守信誉，更加有效率。但是，地区性的资本市场在科技革命前依然是支离破碎的。[①]直到科技革命后，地区性的资本市场才逐渐统一起来。

在社会经济方面，深受地理大发现及后续商业革命的影响，

---

① 杜君立.银行的历史[J].企业观察家，2017（3）：115–116.

英国迅速开展贸易活动，新兴资产阶级的经济力量日益增长。重商主义传统进一步发挥作用，英国的对外贸易规模持续扩大，加快了资金流通，促进了资本积累。根据夏炎德在《欧美经济史》中的统计，英国对外贸易额从 1700 年的 5 900 万美元增长至 1789 年的 3.4 亿美元。18 世纪初伦敦 25% 的劳动力受雇于贸易相关行业。[1]

圈地运动一方面使土地加快集中，农业生产率大幅提高，促进了人口的增长；另一方面，大批自耕农被迫涌入城市，推动了英国城镇化的进程，弥补了工厂的劳动力缺口。16 世纪开始，由于人口增长、城市化的发展，英国所用的传统能源——木材供应日趋紧张。林木资源（木材）的需求快速增长，导致英国林木资源消耗严重，木材供需失衡，价格飙升。1500—1630 年，英国木材价格上涨 7 倍（涨幅超过了一般物价上涨幅度的 3 倍），发生了能源危机。英国的煤矿储量非常丰富，因此转向大规模开采应用煤炭。从 16 世纪 70 年代开始，英国的煤炭应用快速增加，1560—1800 年煤产量增长了 66 倍。煤的大规模开采及稳定供应使蒸汽机能够持续运转，因此手工业者有了更多技术观察、改良和推广的机会。

在前述的基础上，第一次科技革命如火如荼地开展起来。科技革命下，纺织、机械制造、冶金等新产业不断兴起，其研发成本、人力成本、厂房成本、设备成本等开支都十分巨大，对资本依赖性较强。早期的工厂位于乡村，规模小，单个家庭都有财力

---

[1] 罗伯特·艾伦. 近代英国工业革命揭秘：放眼全球的深度透视[M]. 杭州：浙江大学出版社，2012.

资助工厂建设，但是为了满足日益增长的市场需求，城市工厂规模如滚雪球般扩大，这就需要更多的资本投入。

直到英国科技革命开始后，地区性的资本市场才统一起来，全国性的银行网络也因此得以发展。科技革命时期银行的主要业务是贴现票据和提供短期贷款（一般贷款期限不超过90天）。因为当时的金融系统并不发达，为了确保有足够的流动资金来满足储户随时可能提出的提款要求，银行很少提供长期贷款。另外，当时的银行风险管理能力普遍不强，而出借大额长期资金所面临的风险较大，因此银行往往拒绝长期大额贷款的需求。虽然当时已经出现了投资银行和其他金融中介，但是这类机构在当时的英国金融系统中并不重要。不过，这并不意味着银行对企业不提供长期资金支持。银行在很多时候会采用"短贷长投"的方式支持企业发展。当贷款到期的时候，如果经营景气，企业可以要求银行将贷款展期，甚至追加贷款。

早期的银行对企业家贷款的风险控制措施主要是要求其提供抵质押物和第三方担保，关系型借贷居多。第一次科技革命之后，棉毛纺织、钢铁、贸易和交通等产业经济得到飞速发展，对于大规模资金的需求更加迫切。但是，随着产业规模化发展和城市化进程不断加速，大量互不相识的劳动力涌入城市工厂，建立在区域和熟人基础上的信用约束机制逐渐失效，其结果就是商业诈骗行为开始盛行。为了应对这种情况，信用中介机构在19世纪逐渐出现。1830年，英国伦敦成立了世界上第一家征信公司，其成立的初衷是向贸易双方提供对方背景和资信信息，防止交易双方相互不信任和诈骗行为，减少交易摩擦，促进交易的顺利进行。这家征信公司的模式相对简单，主要业务集中于贷前信用状况调查，并对工厂主个人的品行、社会关系以及工厂经营情况做简单的分析，但是不提供建议。1841年，世界上第一家信用评估机构在美国纽约设立，信用行业从单纯的调查阶段进入了信用评估阶段。1849年，约翰·布拉斯特瑞特（John M. Bradstreet）在辛辛那提注册了首家信用报告管理公司，并逐步发展成企业征信领域中规模最大、历史最悠久并最具影响力的领先企业——邓白氏集团。

为了顺应科技革命后产业经济发展的新形势，英国的金融系统不断根据经济的发展需求提升自身的经营能力，以提供短期贷款和"短贷长投"的方式让资金涌入工商业，借助信用中介不断提升风险控制能力，为第一次科技革命的实现贡献了力量，使英国率先进入现代经济增长时期，成为世界工厂。

（二）第二次科技革命：全能型银行和投资银行

19世纪70年代到20世纪初，在美国、德国的引领下爆发了以电力为主要动力的第二次科技革命，人们开始采用电力供能，电力、重化工、石油开采和加工、汽车制造、轮船制造、飞机制造等重工业相继出现——电力时代到来了。德国的全能型银行和美国的投资银行拉近了产业和金融之间的关系，并采用创新技术优化金融服务模式，为重工业发展提供了大规模资金，推动了第二次科技革命的发展。

德国发展全能型银行。德国工业化完成于普法战争前后，那正是电力革命如火如荼开展的时期，因此德国占据了后发优势。统一不久的德国在俾斯麦的领导下，重视产业化的发展，建立了完备的工业体系，并且一跃成为仅次于美国的强国。德国把从法国索取的50亿法郎的战争赔款投入工业，掀起了工业化高潮。同时，比利时、英国、法国、荷兰等外国资本也源源不断涌入莱茵区。德国全境竞相修筑铁路，对煤炭、铁轨、机车、车厢等产生了巨大需求，有力地推动了采煤、冶金、机器制造等一系列重工业部门的扩建，掀起了创办企业的狂潮。几十家银行相继开业，股份制公司纷纷建立。在短短的20年里，仅普鲁士就出现了资本总额达24亿马克的295个股份公司。在普法战争结束后的最初两年（1871—1872年）里，多达726个股份公司成立，是战前80年平均数量的69倍。1871—1874年修筑的铁路、开办的工厂和矿场以及建筑业等比过去1/4个世纪还要多。[①] 在此期间德国银行业不断发展，于19世纪进入繁荣期。

19世纪初期，德国金融体系以家族式私人银行为主，直到19世纪中叶，其银行体系才逐步形成。在不断完善的过程中，德国银行业务经历了从聚焦特定的重点领域向提供综合金融服务机构转变的过程。1870年前后，在普鲁士统一德国和第二次科技革命的催化下，大量钢铁、煤炭、机械企业迅速扩张，对长期资金的需求增加。同时，《德意志帝国银行法》建立了中央银行制度，为银行机构的发展提供帮助与支持。随着科技革命的不断深入，工业化发展进程不断加快，以全能银行为载体的金融混业发展模式应运而生。银行对企业既发放贷款，也帮其发行股票、债券，甚至对其进行直接投资。这种银行制度允许银行业与工商业联合经营，形成了工业家担任银行董事、银行家担任工业公司

---

① 廖丹青.试论近代德国与第二次科技革命［J］.湛江师范学院学报，1999（3）：49–50.

董事的发展格局。①银行更懂产业发展，全面降低大规模投资可能导致的高风险，企业扩张也得到了雄厚的资金保障。著名的德意志银行主要资助德国工业，既经营政府贷款、铁路证券、社区贷款，也经营工业、保险业和建筑业。《德意志帝国银行法》《信用社法》相继出台，在法律体系得以完善的同时，信用社也向有组织的银行体系转型。

美国发展投资银行业务。随着经济扩张和技术进步，大规模基础设施建设及融资需求刺激了美国资本市场和投资银行业务的发展。1783年独立战争结束后，为改善联邦政府脆弱的财政状况、偿还战争中欠下的2 700万美元债务②，美国财政部以政府信用为担保，统一发行新国债来偿还各种旧债，美国证券市场开始活跃，大量经纪人涌入市场从事国债承销。1811年纽约证券交易所建立，标志着严格意义上的美国资本市场真正形成。19世纪上半叶，巨大的铁路融资需求使铁路证券成为华尔街的主要投资品种之一，挂牌交易的铁路证券从1835年的3只增长到1850年的38只。1861—1865年南北战争时期，联邦政府为军费融资，推动了证券市场空前发展。南北战争结束以后，美国进入了经济高速发展时期，需要筹集巨额资金。由于美国银行体系是单一制的银行制度，无力为工业化活动提供大规模的资金供给，这给投资银行提供了从事股票与债券发行、承销、交易、企业重组、兼并与收购、投资分析、风险投资、项目融资等业务的机会，为电力、石油、铁路、汽车工业、钢铁等重工业的直接融资提供帮

---

① 张然，吴秀伦. 德国全能银行发展简析[J]. 现代管理科学，2019（3）：36-37.
② 约翰·戈登. 伟大的博弈：华尔街金融帝国的崛起[M]. 北京：中信出版社，2005.

助。在此期间，诞生了一批兼营或专营投资银行业务的金融机构，如雷曼兄弟公司、摩根大通集团等。美国银行机构、保险公司纷纷涉足投资银行业务，促进了金融业与工商业集团的融合，共同为美国工业化提供融资服务。技术进步也促进了美国资本市场的发展。1850年电报的发明使报价信息几秒钟就可以传递到各个角落，强化了纽约证券交易所对其他地域证券交易所的影响力。19世纪60年代中后期，大西洋海底电缆投入使用，美国和欧洲市场之间的信息传递因此更加便利，与此同时也推出了股票自动报价器，促使资本市场交易量稳步增长。[1]

无论是德国的全能型银行，还是美国的投资银行，都是为了满足新兴产业发展的大规模长期资金需求，而加强金融与产业发展之间的联结。新型的金融服务模式将工业资本转化为金融资本，在此期间，电报、海底电缆等技术创新使金融机构更好地摆脱时间和空间的限制去配置金融资源，使美、德等国家在第二次科技革命中迅速崛起，成为世界主要的经济强国。

第二次科技革命为什么没有发生在英国
——基于金融的视角

19世纪70年代，美、德爆发了第二次科技革命，英国逐渐被美、德赶超，丧失了原有的绝对优势地位。英国的工业产值在世界工业总产值中的比重由1870年的32%下降到1913年的14%，不再有19世纪中叶以来在世界工业中的垄断地位。为什么第二次科技革命没有发

---

[1] 陈雨露.工业革命、金融革命与系统性风险治理[J].金融研究，2021（1）：4-5.

生在英国，而是发生在美、德等国家，不同的人有不同的理解。但是从金融的角度来看，英国以商业银行为主的金融体系没有随着时代的发展而进行创新，是英国被赶超的重要原因。

第一次科技革命时期，煤炭、钢铁、纺织等工业崛起并不断发展，在1880年前后，英国旧工业的生产率远高于德国，英国的旧技术已经在世界范围内扩散开来，当时英国的棉纺织工业和利用焦炭制造生铁的生产率处于相当高的水平。

19世纪60年代后，第二次技术革命初露端倪，钢铁、电力、有机化学工业等逐渐成为新的主导产业。然而，英国长期秉承自由市场经济理念，银行家将所有的注意力都集中在英国长期居于世界垄断地位的纺织业，更愿意推动与纺织领域相关的技术创新，片面地攫取利润和剪息票，并不愿意进行固定资产更新和先进技术的创新应用，忽视了新技术对大规模融资的需求。由于电力、化工等新兴工业都存在规模经济，没有大规模且长期的资本注入很难生存下去，而英国的银行体系只愿意为产业提供短期贷款和以"短贷长投"形式发放的"长期贷款"，因此无法满足在第二次科技革命中兴起的电力、汽车制造等新兴产业的融资需求。而且这些新兴产业的发展风险较大，传统的以"隔岸观火"形式（主要以简单的背景调查和关系网络为依据）进行的风险管理方法不能对这些新兴产业的发展给予完整、准确的评估，因此信贷资金的额度无法提升。不同于英国，美、德等国家基于对经济和科技发展形势的研判，放弃了自由主义，采用国家制定战略规划引导的方式，重点建设全能型银行、投资银行等新金融主体，将新兴产业的发展与金融创新更加紧密地绑定在一起，匹配经济发展的大规模资金得以补位，从而实现了赶超。

（三）第三次科技革命：风险投资和私募基金

第三次科技革命始于 20 世纪中叶，是以原子能、电子计算机、空间技术和生物工程的发明和应用为主要标志，涉及信息技术、新能源技术、新材料技术、生物技术、空间技术和海洋技术等诸多领域的一场信息技术革命。在此期间，以风险投资和私募基金为代表的创业投资基金兴起，新型的风险管理和服务模式被采用，不仅为创新创业型企业提供了资金，还提供了非金融服务，使科技创新、产业经济得到高速发展。

自 19 世纪起，美国的工业企业与教育机构联系紧密，并在工业行业中将理论训练、学术训练与实践问题紧密结合，逐渐形成以企业为主体、政府引导扶持、高校产学互动、产业集群发展的国家创新体系，并衍生出集群创新的科技创新产业基地。产业集群化发展鼓励企业共享资源，进而降低了生产和交易成本，也加快了产品的更新换代。冷战开始后，美国加紧军事科技发展，将计算机、空间、新能源开发和利用等技术推向了一个新的发展阶段，也成为促进第三次科技革命发展的重要动因。

第三次科技革命加快了高新技术产业的发展步伐，技术密集型和知识密集型产业的发展逐渐超过了传统的劳动密集型和资本密集型产业，大批科技型创新产业涌现。同时，企业间竞合模式也发生了变化，从竞争对立关系逐渐演化为协作共赢关系。这些创新创业类企业的发展特征与前两次科技革命时企业的发展特征截然不同，其轻资产、高技术、高投入的特点，需要资本以更加长远的眼光、更加有效的手段来支持产业企业的发展。但美国资本市场机构早期投资动机不足，中小企业和新兴企业面临融资困难，美国许多专家、学者呼吁政府重视新兴企业发展并实施直接帮助。美国联邦储备银行波士顿分行前行长拉尔夫·弗兰德斯和哈佛商学院教授乔治·多里特认为，建立私人机构以吸引机构投资者是可行的方案，不仅可为新兴企业提供充足的资金支持，还可提供管理服务，更可培育早期投资群体。二人遂于1946年在高校林立的马萨诸塞州创办了AR&D（美国研究与发展公司）——这标志着风险投资的诞生。1957年，AR&D以股债结合的方式为DEC（数字设备公司）提供了约200万美元的融资（以不到7万美元持股77%，其余为贷款），1966年DEC完成IPO（首次公开发行），成为AR&D第一笔成功的风险投资。1971年，美国成立了纳斯达克证券交易系统，与风险投资、私募基金一起为科技型创新企业提供了更丰富、更有效的融资途径。[①]以风险投资、私募基金为代表的新型产业投资体系由此开始逐步建立。风险投资主要投资中小企业的初创期和扩张期，私募基金则为企业提供期限相对较长的投资，二者均属于创业投资体系的重要组成部分，都为企业提供无抵押的股权投资。

20世纪70年代到80年代，美国创投行业进入高速发展期。在这个过程中，《拜杜法案》的出台功不可没。1980年之前，专利的所有权和开发权是一体的，因此，企业如果需要购买专利，就必须为实验室及其全体人员付费，且费用极其高昂。1980年，《拜杜法案》出台，把专利的所有权和开发权进行了分割，高校一直拥有专利所有权，企业只需购买开发权。从理论上讲，企业家只要有近100万美元，就可以购买对自己有价值的专利开发权

---

① 陈雨露.工业革命、金融革命与系统性风险治理[J].金融研究，2021（1）：6-7.

来进行生产开发，在产品上市后按照销售业绩给高校分成，一般是1%~2%，不会超过3%。创新成果转化的成本大幅度降低，创投行业发展更加迅猛。20世纪80年代，风险投资基金行业资产管理规模飞速扩张。1982—1987年，风险投资基金行业年融资额从1亿美元迅速增长至45亿美元，为美国第三次科技革命提供了重要支持。

以风险投资和私募基金为代表的创业投资体系对科技创新企业的支持作用体现在两个方面。

一是直接融资作用。创业投资体系汇集了金融机构、境外资本、保险基金、社保基金、企业年金、企业资金、富裕个人及社会闲散资金，凭借专家理财、利益共享和风险共担的现代投资机制，协调了风险投资家、技术专家及投资者之间的关系，帮助高新技术中小企业迅速成长壮大。红杉资本、软银赛富、凯雷投资集团、摩根士丹利等美国的风险投资机构，既投资国际互联网、信息服务、软件、通信、网络技术以及生物工程等高科技领域，也投资电信、制造业、医疗设备、环境、能源等传统领域和新兴领域。

美国硅谷作为世界上影响力最大、最成功的科技园区，是世界上最重要的高科技企业创新集聚地和最具有创新能力的高新技术产业群。自1965年以来，美国成立的100家最大的高新技术公司中有1/3在硅谷。硅谷的成功崛起主要得益于风险投资的帮助，美国有300多家风险投资企业总部设立在硅谷，成功地孵化出微软、苹果、惠普、朗讯科技、雅虎等世界知名企业，帮助高新技术实现了向资本化的转变，这是其他金融工具所无法代替的。1974—2014年，美国有1 339家上市公司成立，其中556家获得风险投资的支持，占比约为42%。根据经济合作与发展组织（OECD）统计数据，截至2014年末，获得风投支持的上市公司总市值达4.136万亿美元，占在此期间上市公司总市值的约63%；研发投入达1 150亿美元，占全部上市公司研发投入的约44%。创投体系的支持不仅直接作用于被投资企业，企业研发创新的正外部性也促进了社会整体经济活动。

二是非金融支持，包括运营辅导、战略指引、资源支持等。学术界普遍认为，风险投资具有筛选与督导两大功能。其中，筛选功能更多体现为投资机构挑选优秀公司的能力，督导功能则为投资机构对所投初创企业的非金融资源支持，这一功能会促进企业创新，并提升投资项目成功退出的可能性。[①]

在第三次科技革命中，创业投资体系是主角，但并不代表商业银行变得无足轻重。在科技的加持下，商业银行也在不断迭代自身的发展形态和模式，为产业经济的发展贡献力量。以美国银行业为例，20世纪70年代，商业银行利用数据通信和电子计算技术，改进会计核算系统，推出联机柜员系统，保证了资金转移的准确性和实时性，初步实现了前台业务和后台业务的电子化。80年代，借助新兴的信息传输技术、安全技术以及人机交互技术等，银行开发了以ATM（自动柜员机）和POS（电子付款机）为代表的自助银行业务处理系统，随后出现的电话银行、网络银行、手机银行更是极大地延伸了金融服务的物理边界，突破了时空限制。90年代以来，数据处理技术获得了新发展，它可以帮助银行从海量金融交易数据中挖掘有用的商业信息，为客户提供投资咨询、辅助决策等增值服务，创造了新的利润空间，同时还可以利用这些信息

---

① 陈雨露. 工业革命、金融革命与系统性风险治理［J］. 金融研究，2021（1）：7–8.

改进传统的信用评估方式，为中小企业融资难问题提供创新型解决方案。科技创新对金融机构业务的运作能力和信息处理能力的积极影响是毋庸置疑的，它不仅辅助相关部门完成金融产品定价和风险管理等工作，还促进了金融业务创新和管理创新。在科技创新的助推下，金融机构实现了管理流程化、运营网络化、渠道电子化和业务多样化，极大地提高了服务的质量和效率，因此在某种程度上，科技创新已不再单纯止步于为金融部门提供便利的工具，而是表现为对金融系统的改造与再造，使金融的核心功能得到更好的发挥。当然，这个阶段的银行主要是应用科技创新成果提升现有流程机制运行的效率，并不对流程机制本身进行改革。

总之，以风险投资和私募基金为代表的创业投资体系的诞生和发展，为在第三次科技革命中涌现的科技创新型中小企业带来了资金和管理指导，并采用最新的技术创新金融服务模式。这一阶段，科技进步、经济发展和金融创新之间的关系更加紧密。

三、第四次科技革命下的金融创新

第四次科技革命发端于21世纪，以数字化、自动化、智能化为核心特征，信息、材料、制造、能源等技术领域的系统性突破和交叉渗透，孕育了一批具有重大产业变革前景的颠覆性技术，对社会经济结构进行了新一轮重塑，对生产和生活的各个领域产生了一系列广泛、深刻、系统性的影响。第四次科技革命是2013年德国在汉诺威工业博览会上率先提出来的，这个概念甫一提出就备受各国关注。《二十国集团领导人杭州峰会公报》中提出，前三次科技革命分别以蒸汽机、电力、计算机和互联网的发明及应用为标志；正在兴起的这场新科技革命，以人、机器、资源间实现智能互联为特征，由新一代信息技术和先进制造技术融合发展并推动，正在日益模糊物理世界和数字世界、产业和服务之间的界限，为利用现代科技实现更加高效和环境友好型的经济增长提供了无限机遇。

（一）第四次科技革命的颠覆性

每一次科技革命都会带来生产和生活方式的变革，但是没有一次科技革命会像第四次科技革命这样，能够对人们的生产和生活方式产生如此大的影响。

在第四次科技革命的推动下，人类的发展历程会发生重大变化。美国著名智库战略与国际研究中心发布的《超越技术：不断变革的世界中的第四次工业革命》和《2016—2045年新兴科技趋势报告》，明确提出第四次科技革命是数字和技术的革命，其技术发展和扩散的速度以及对人类社会影响的深度和广度，都是前三次科技革命所远远不能相比的。这次科技革命正在颠覆所有国家的几乎所有行业，彻底改变整个生产、管理和治理体系，并且深入生活的方方面面，将产生极其广泛而深远的影响。

黄奇帆、朱岩和邵平认为，信息是认识世界的钥匙，不同的信息形态和内涵所对应的现实世界也不一样，数字时代所对应的信息是"五全信息"。第四次科技革命之所以具有强大的颠覆性，核心原因在于"五全信息"成为数字时代新的生产资料，从根本上改变了生产力，数字生产力以及与其相适应的新型生产关系兴起。[①]

---

① 黄奇帆，朱岩，邵平.数字经济：内涵与路径［M］.北京：中信出版社，2022.

什么是"五全信息"

数字时代的数字化平台具有全空域、全流程、全场景、全解析和全价值("五全")的特征，在具有"五全"特征的数字化平台上产出的信息是"五全信息"。农业时代对应的是自然信息，工业时代对应的是市场信息，互联网时代对应的是流量信息，而数字时代对应的则是"五全信息"。

"全空域"是指打破区域和空间障碍，从天到地、从地面到水下、从国内到国际可以广泛地连成一体。

"全流程"是指关系到人类所有生产、生活流程中的每一个点，每天24小时不停地积累信息。

"全场景"是指跨越行业界别，把人类生活、工作中的所有行为场景全部打通。

"全解析"是指通过人工智能的收集、分析和判断，预测人类所有行为信息，产生异于传统的全新认知、全新行为和全新价值。

"全价值"是指打破单个价值体系的封闭性，穿透所有价值体系，并整合与创建前所未有的、巨大的价值链。

现代信息化的产业链是通过数据存储、数据计算、数据通信与全世界发生各种各样的联系，正是这种"五全"特征的基因，当它们与产业链结合时形成了全产业链的信息、全流程的信息、全场景的信息、全价值链的信息，成为极具价值的数据资源。可以说，任何一个传统产业链一旦能够利用"五全信息"，就会立即形成新的经济组织模式，从而对传统产业构成颠覆性的冲击。

"五全信息"具有五大特征，即结构型、动态型、秩序型、信用型、生态型。"五全信息"是结构型的信息。

数字时代所采集的"五全信息"是全样本的结构型信息，这些信息必须包含社会经济系统的各种结构性特征：产业系统要有关于产业的各种特征描述，社会系统要有社会运营的各方面数据。"五全信息"的结构性体现了"数字孪生"的概念，是对企业运营、产业生态和社会系统的全样本刻画。

"五全信息"是动态型的信息。具有"五全"特征的信息，是一个经济系统或社会系统运营的动态信息，每一条"五全信息"都有时间戳，体现事物某一时刻的状态，"五全信息"积累起来可以揭晓事物的历史规律，预测未来的发展趋势。

"五全信息"是秩序型的信息。某一个系统的"五全信息"，体现了这一系统的秩序。"五全信息"既包含社会经济系统的基本制度，也包含其运营规则。也就是说，"五全信息"来自系统现有的秩序，也会帮助系统构建新的秩序。

"五全信息"是信用型的信息。在以往的社会系统中，始终无法彻底解决全社会、全产业领域的信用问题。而进入"五全信息"社会，这些信息因为区块链等新技术的广泛应用，具有高度的可信性。基于新的信用体系，无论是金融还是其他社会经济系统都将发生更加彻底的革命。

"五全信息"是生态型的信息。"五全信息"不是孤立存在的，而是存在于特定的社会生态、产业生态之中，是描述特定生态里的特定状态。各类信息之间往往存在大量关联，并以一个整体的形式展现。

在云计算、大数据、人工智能、区块链等技术的驱动下，随着数字化生产关系日趋成熟，数字社会将拥有越来越多的"五全信息"。任何一个传统产业链一旦能够利用"五全信息",就会立即形成新的经济组织方式,从而对传统产业构成颠覆性的冲击。在 5G 背景下,数字化平台将不断涌现,会进一步形成万物互联体系,数字社会将拥有越来越多的"五全信息"。例如,"五全信息"与制造业相结合形成智能制造、工业 4.0,与物流行业相结合形成智能物流体系,与城市管理相结合形成智慧城市,与金融相结合形成金融科技或科技金融。①

第四次科技革命不仅是能源的革命、生产方式的革命或者某些经济社会领域的革命,还是全方位、系统性、能够影响整个人类发展进程的革命,其影响的速度、广度和深度都与人类过去经历的三次科技革命完全不同。

克劳斯·施瓦布在《第四次工业革命:转型的力量》中指出,"和前几次工业革命不同,本次革命呈现出指数级而非线性的发展速度,这是因为我们目前生活在一个高度互联、包罗万象的世界,而且新技术也在不断催生更新、更强大的技术"。第一次科技革命中,纺锤从诞生到走向全世界花费了至少 100 年的时间。第三次科技革命中,随着信息技术、空间技术等的发展,人与人、人与物、物与物之间的联系更加紧密,互动交流的空间和时间不断被压缩,信息的传递和共享路径不断缩短,互联网从诞生到走向全世界只用了不到 10 年。第四次科技革命在第三次科技革命的基础上进一步创新数字技术,5G、物联网、产业互联网等的发展再次压缩了时空距离;空间技术、数字技术等不同类型的技术不断融合发展,逐步实现物理空间、虚拟空间的可信映

---

① 黄奇帆,朱岩,邵平. 数字经济:内涵与路径[M]. 北京:中信出版社,2022.

射，大大加深了各主体、各要素之间的关联，人类生活在一个高连接、低延迟、快反馈的数字环境中。英国未来学研究专家雷·库兹韦尔表示，在过去的100年里，一个人一生中至少能看到一次高新技术的巨大进步；而从21世纪开始，每3~5年就会发生一次重大的科技进步，科技创新的速度甚至超过了人们逻辑思维能力的极限。科技革命的创新成果和应用以史无前例的速度向全世界扩散，迅速改变着人类的生活和生产方式。

第四次科技革命的影响广度主要体现在两个层面。

一是第四次科技革命的爆发具有世界各国同频共振的特点。前三次科技革命都是以某个或者某几个国家为主导扩散科技革命的成果。其中，第一次科技革命是以英国为主导国，第二次科技革命是以美国和德国为主导国，第三次科技革命是以美国为主导国。而第四次科技革命首次出现了发展中国家和发达国家同时经历变革的奇迹，发展中国家进入了一个新的跨越式增长轨道。[①] 例如，虽然非洲没有跟上前三次科技革命的步伐，但是第四次科技革命的火种已经在非洲地区种下。非洲政府部门和研究机构持续关注第四次科技革命的进展，并希望参与其中。从区域组织到地方政府，各层级的决策机构都在尝试出台扶持数字经济的政策，加大对新科技革命的投入。非洲联盟《2063年议程》明确提出非洲制造业和农业发展的目标和方向，包括到2063年非洲制造业占其GDP（国内生产总值）的比重达50%以上、吸纳

---

① CSIS. Beyond Technology: The Fourth Industrial Revolution in the Developing World [EB/OL]. https://www.csis.org/, 2019.

50% 以上的新增劳动力。① 尽管非洲的工业化进程比较缓慢，但是许多与数字化业务密切相关的非洲本土金融和科技企业，比如 Cellulant、Jumia、Safaricom 等正在蓬勃发展。②

二是第四次科技革命具有多行业同时爆发的特点。前三次科技革命的技术创新应用主要发生在某一个或某几个行业。第一次科技革命主要发生在纺织业，第二次科技革命主要发生在电力、有机化学、钢铁等行业，第三次科技革命主要发生在信息行业。到了第四次科技革命，数字技术的创新应用在信息技术、新材料、新能源、生物科学等不同行业同时爆发，各类技术之间相互融合、相互渗透，各个行业交叉影响、互相碰撞，整个技术系统对人类社会的改造具有同步性、系统性和整体性。

数字技术拥有极强的穿透力，随着其创新应用的不断深入，以低边际成本、规模递增的边际收益、快速的变革和高效的复制能力推动整个经济社会的演化发展。数字化成为全球经济社会发展的重要趋势，基本已经达到"无经济不数字、无社会不数字"的程度。数字化生存成为现代人最普遍的生产生活方式。根据《中国移动互联网发展报告（2022）》，截至 2021 年底，全球上网人口达到 49 亿，约占全球人口的 63%。其中，2020 年全球网民增长率再次达到两位数（10.2%），为 10 年来的最高增速。网络化、数字化、智能化已经成为产业和商业企业发展的共识，拒绝改革或者延迟改革的产业和商业企业将无法在新时代立足。而且在第三

---

① 蒲大可，郝睿. 中国企业对非洲制造业投资路径研究 [J]. 国际贸易，2020（3）：82–89.

② 贾继元. 第四次工业革命视角下的非洲产业促进 [J]. 中国投资（中英文），2021（9）：104–107.

次科技革命中，信息技术只是对现有物理资料或流程机制的数码化、线上化，主要集中于对工具进行改良和完善，提升现有流程机制的运行效率。与此不同的是，第四次科技革命的数字技术能够在此基础上实现价值创造模式的变革，对现有流程机制本身进行重塑升级，数据成为生产要素，能更好地驱动决策、创造价值。

（二）第四次科技革命带来的变革

第四次科技革命的爆发将人类从工业文明带入数字文明，引起了技术范式、生产制造方式、产业形态、组织架构、商业模式与经营模式等全方位变革，对社会经济发展的各方面产生了深刻的影响。与前三次科技革命相比，第四次科技革命呈现出数字化、智能化、绿色化、定制化等新特征。

科技革命会影响社会经济发展的方方面面，对产业发展的影响尤为突出。第四次科技革命引起了技术范式的变革，在解决基础科学问题和现实技术应用问题等方面能够实现系统性、颠覆性创新，进而引起生产制造方式、产业形态、组织架构、商业模式与经营模式等一系列变革。

1. 技术范式变革

每一次技术范式的变革都会引起科学技术的大发展、大变革，对人类的发展起到颠覆性作用。第四次科技革命带来的技术范式变革主要集中在两个方面。

一是原有领域技术的范式变革。例如，在能源技术领域，随着无碳技术、减碳技术和脱碳技术不断发展，能源范式逐渐从高碳技术范式向低碳技术范式演进。在空间技术领域，以"大智物移云"为代表的新一代技术不断导入,使问题导向的空间规划范式正逐步转向规律导向的空间规划范式(从挖掘空间规律出发),并前所未有地接近实现空间规划的理性范式。新一代技术的发展还将进一步推动空间、规划与技术的螺旋迭代提升,带来更大程度上的空间形态与规划范式变革。[①] 而且,科技的研发突破不再集中于单个组织或个人的创新,重大科技创新多以技术群的形式出现。第四次科技革命出现了五大标志性的技术群,分别是以计算机与通信为核心的新一代信息技术,以可再生能源为核心的新能源技术,以数字化制造、3D打印、智能机器人为核心的智能制造技术,以新材料为核心的材料技术,以基因工程和细胞工程为核心的生物技术。技术群将所有的创新要素和资源进行高强度的整合及挖掘,联结"政产学研企"资源,扩大技术创新的应用范围,不断提升创新能力和应用效率,全面影响整个经济社会的发展进程。[②]

二是不同领域技术融合带来的范式变革。科研活动中跨界、跨学科交叉研究的新方式不断涌现,不同学科的理念、知识、方法、工具不断碰撞,协同推进科技创新。基础科学与技术的关系不再是从科学到技术这一固定的传导机制,而是二者相互融合,在解决基础科学问题和现实技术应用问题等方面实现了系统性、颠覆性创新。随着大数据、人工智能等技术不断地迭代创新,数据驱动的科学研究"第四范式"兴起。例如,化学、生物等传统

---

① 吴志强,张修宁,鲁斐栋,等.技术赋能空间规划:走向规律导向的范式[J].规划师,2021(19):5–10.
② 余东华,胡亚男,吕逸楠.新工业革命背景下"中国制造2025"的技术创新路径和产业选择研究[J].天津社会科学,2015(4):102–103.

上依赖实验数据的学科，逐步开始利用大数据和计算机仿真模拟进行研究，通过海量计算发现了在传统研究方式下难以发现的新规律、新现象。[①]

何谓科学研究的"范式"

"范式"英文为Paradigm，从本质上讲是一种理论体系和框架。在该体系和框架之内，该范式的理论、法则、定律都被人们普遍接受。到目前为止，科学研究已经经历了四次范式变革。

第一范式：经验证据。在数千年文明史中，人类绝大多数技术发展都源于对自然现象的观察和实验总结。

第二范式：理论科学。依赖观察和实验总结的第一范式做到了"知其然"，而第二范式的科学理论做到了"知其所以然"，对自然界某些规律做出了背后原理性的解释。

第三范式：计算科学。随着计算机的运算能力越来越强大，它逐渐被用于科学研究等领域。与前两个范式不同，计算科学中诞生了一种崭新的技术工具，即计算模型与系统模拟。这一工具利用计算机的计算能力、基于大规模并行的计算机体系结构、通过设计算法并编制程序来模拟复杂过程，如大气环流、核反应过程、病毒感染过程。在经济学、心理学、认知科学等缺乏简单直观的分析解决方案的领域，得到了广泛应用。

第四范式：数据科学。从基因测序仪、深空望远镜到覆盖全球的

---

① 吕红星. 新工业革命推动基础研究呈现五个新特征[N]. 中国经济时报，2021-09-28.

社交媒体，人类社会已经被深度数字化。在我们生活的数字地球上，每天都会产生海量的数据。在这样一个数据爆炸的时代，基于数据的技术革命也正在发生，数据科学成为技术发展的前沿。以数据为中心的计算平台、数据加工、处理与分享工具、算法与模型库等一系列科学研究方式构成了技术发展的第四范式。①

2. 生产制造方式变革

高度智能化是第四次科技革命的重要特征。随着人工智能、大数据等技术不断创新，智能制造等新生产制造方式不断普及。智能制造产业链所涉及的主要细分行业包括工业机器人、3D打印设备、数控机床、工业物联网、工业软件等，近两年其产业规模实现了快速增长。根据《2022年全球智能制造行业市场现状与发展趋势分析——智能化将为制造业带来全新变革》，2021年全球工业软件市场规模初步统计达到4 619亿美元，工业物联网市场规模约达到767亿美元，全球数控机床产业规模约达到1 648亿美元。② 定制化和绿色化生产制造方式正在逐渐普及。

一是定制化。随着智能软件、3D打印技术、智能机器人等创新技术的出现，以及"以客户为中心"商业模式的确立，生产制造逐渐走向了大规模、大批量制造的时代，逐渐向定制化生产制造的方式转变。效率的提升不再仅依靠低成本、标准化大批量生产所带来的规模经济，而是通过提高材料利用率、简化产品制

---

① 南京德克威尔. "第四范式"具体是哪四个阶段？[EB/OL]. https://www.welllinkio.com/，2022.

② 前瞻产业研究院. 2022年全球智能制造行业市场现状与发展趋势分析——智能化将为制造业带来全新变革[EB/OL]. https://bg.qianzhan.com/trends/，2022.

造程序、缩短产品研制周期，高效且低成本地满足人们不断变化和个性化、差异化需求，同时提高效率，降低成本。[1]例如，双星集团建立了全球轮胎行业第一个全流程工业4.0的智能化工厂，可以实现轮胎的个性化定制，通过互联网，消费者可以根据自己的需求及偏好个性化定制轮胎，如轮胎的尺寸、花纹、颜色等。[2]

二是绿色化。进入21世纪以来，全球能源供应紧张、气候变暖等问题日益突出，倒逼各国探寻新的产业发展模式和路径。数字化赋能制造业绿色转型具有精确性、时效性以及全流程系统性的优势，可实现工业能源管理关键数据的采集、处理、分析和专业应用，并保障数据获取与传输的高效性、准确性；可助力制造业实现"源头—过程—末端"的系统性全流程节能；可助力企业提升自主排放管理能力，是企业进行排放管理的行之有效的工具；可为各级政府监测企业能源消耗，乃至制造业整体运行情况提供大数据监测手段。当前，国际上已有借力数字技术加速绿色转型的研究和探索。根据全球电子可持续发展倡议组织（GeSI）的研究，数字技术在未来十年通过赋能智能制造、智慧能源等行业，可以减少全球碳排放量的20%。美国在推进净零排放目标的过程中高度重视数字技术的融合应用，包括发布数字化方向排放标准、为开发节能模型提供资金支持等一系列政策工具。[3]

---

[1] 余东华，胡亚男，吕逸楠.新工业革命背景下"中国制造2025"的技术创新路径和产业选择研究［J］.天津社会科学，2015（4）：99-100.

[2] 轮胎人不知道的轮胎事.双星集团：率先建成全球轮胎行业第一个全流程工业4.0智能化工厂［EB/OL］.https://www.sohu.com/a/384351460_340159，2020-03-31.

[3] 谭力.数字化赋能制造业绿色转型的路径及建议［J］.机器人产业，2022（4）：13-17.

3. 产业形态变革

数字技术是一项溢出效应较强的通用技术，能够渗透到产业企业的发展过程中，推动变革的发生。通过对数字技术全面和深度的应用，能够实现数据从设备到企业再到产业的生产、流通、加工、分析，并从产业企业本身的发展特点出发改革生产运行模式，提升决策能力，改变各环节、各领域流程机制，优化各产业企业在产业价值链中的生态关系，实现数据驱动、生态协同，建立数字化、智能化生产管理决策机制。在此基础上，各产业企业全面升级，演化为智慧农业、高科技制造，三次产业融合加速，跨界创新层出不穷，催生出智能制造、智能医疗、数字金融等新兴产业形态。另外，随着数字技术的创新应用，制造企业通过利用先进的数字技术可以把产品制造向下游的服务端延伸，从而推进制造业与服务业的深度融合。在这个过程中，服务产品内容推广和社群运营的数字内容、数字社群产业应运而生。

4. 组织架构变革

组织架构逐渐从"机械型"转变为"生态型"。此前金字塔型、层级化、职能化的复杂组织架构具备较强的稳定性，能够保证产品标准化、规模化的产出，是适应竞争战略的必然选择。数字时代的 VUCA 特征明显，要求各行各业的组织架构必须以开放的姿态迎接随时可能到来的机遇和挑战。因此，各产业企业的组织架构会逐渐从金字塔型、层级化、职能化的组织体系向扁平化、融合化、柔性敏捷的业务单元集合转变，原先独立的、封闭的组织形态将得到扬弃，以数据为媒重塑自身与外部生态的关系，在客户协同、产业链协同、平台协同、生态协同的过程中实现赋能于人又受人赋能的价值创造。以海尔集团为例，海尔内部的创新型小微企业、转型小微企业和外部的创新型小微企业共同构成多元化的创新主体，它们都可以凭借订单调动平台资源，相互协调，直接创造用户价值。同时，海尔借助数字技术以及非线性管理的小微创业平台，为小微主体提供全流程解决方案和增值服务，有效赋能小微业务，最终使每个人和组织都是开放网络体系上的节点，通过"人单合一"制度形成平台上小微企业之间的相互协作。随着互联网、移动互联网、5G等技术的快速发展，企业对内对外的管理成本、沟通成本显著降低，组织架构变得更加灵活，可以根据需求进行快速调整。虚拟企业、数字服务社区、网络型组织等新型组织形式也因此成长起来，这些组织的经营管理紧紧围绕着核心产品服务战略展开，以低成本、敏捷化、柔性化的形式开展业务，尤其是网络型组织的经营管理不再局限于一个企业的组织框架之内，而是可扩展至多个区域、国家甚至全球范围，并在全球价值链框架内实现分工协作。[1]

5. 商业模式与经营模式变革

商业模式逐渐从"竞争战略"转变为"生态战略"，从"以企业为中心的价值创造体系"转变为"以共同创造价值为中心的价值创造体系"。与之前时代以物理资源为主要生产资料不同，数据成为数字经济时代的重要生产要素。数据要素在分享融合中创造价值的特殊属性，意味着对数据资源开放共享的需要；数据的连接和融合也重塑了经济社会的存在形式。市场各方如企业与

---

[1] 胡晓鹏.网络型组织结构与模块化创新［J］.财经科学，2007（4）：80-87.

客户之间、企业与第三方机构之间，不再是价值的创造者和使用者之间的关系，而是形成了同频共创、彼此赋能的价值共同体。由此，以协同共赢为特征的"生态战略"应运而生，成为企业适应并拥抱数字经济时代的核心战略。经营模式逐渐从"以产品为中心"转变为"以客户为中心"。之前时代"以产品为中心"的经营模式能够使企业在满足用户需求的同时不断降低成本、提高效率，强化自身竞争优势。发展至数字时代，多样化、个性化、动态化的金融需求被激活，外部经济社会环境充满不确定性，因此，以标准化、规范化、规模化为特点的"以产品为中心"的经营模式已难以满足新时代的需要。幸运的是，数字技术在带来变动性的同时，也赋予了企业以数为媒，敏捷联结客户，动态、实时、精准捕捉客户需求的能力，从而使"以客户为中心"的高频、多中心、短链路的敏捷经营制成为可能。

（三）数字时代的金融创新

随着第四次科技革命的爆发，数字时代到来。数字时代具有万物互联、VUCA、数据驱动、生态融合和价值共生的特征，产业金融也随之发生了变化。

1. 数字时代的特征

从工业经济到数字经济的演变带来了经济范式的革命性转变，包括金融机构、科技企业和产业企业在内各个部门的发展都需要尊重数字时代的客观规律，适应数字时代不同于工业经济时代的新特点。具体来说，在数据要素和数字技术的影响下，数字时代有以下五个主要特征。

一是万物互联。产业互联网、物联网、5G等创新技术所连接的广度从人与人拓展到人与物、物与物之间,所连接的深度纵深到每一类主体的内部结构,高带宽、低时延地实现大范围信息数据交互共享,使所有能够"发声"的单元获得更强、更好的感知能力、感应能力和处理能力。

二是VUCA,即世界越来越具有易变性、不确定性、复杂性、模糊性。万物互联以数据为媒,不仅能够进行数据信息的高速传输,还能够使隐藏在数据背后的感知、情绪等以前所未有的速度影响全世界,世界变得越来越复杂,变化影响的广度和深度都远超以往,在过去行之有效的经验逐渐无法应对这个不确定的世界所带来的新情况和新问题,"放之四海而皆准"的原则越来越少。因此,传统的"先看后走"的模式得以颠覆,数字世界需要人类在不断接收新的信息过程中快速决策,"边看边走"。因此,VUCA环境要求我们有主动拥抱变化、快速灵敏响应的心态和能力。

三是数据驱动。在传统的工业经济时代,决策主要依赖人的经验判断。但是到了数字时代,以人工智能、大数据、云计算、区块链、物联网等数字技术作为底层技术支撑,以"数据+算力+算法"作为新的运作范式重新定义和理解世界,并基于该运作范式实现描述、诊断、预测、决策等功能,可以更精准、即时、大尺度地应对VUCA环境,实现资源优化配置。

四是生态融合。数据驱动能够帮助我们即时描绘现实、诊断现实、快速判断、即时决策,而数据要素只有在分享、流通、融合中才能实现这些价值。工业经济时代,物理世界的生产资料具有稀缺性和排他性,所以主体之间的关系相对更加原子化,保护自己的生产资料、争取占有更多的生产资料是时代发展的主题。但是到了数字时代，数据要素的稀缺性和排他性大幅降低，越融合、越分享，价值创造越大。各生态方从竞争对立的"零和博弈"转变为合作共赢的"正和博弈"，各生态方之间的关系更加紧密。

五是价值共生。当万物数字化后，以数为媒的生态融合系统会加速生成，数据要素在分享融合中才能创造价值的特殊属性，将市场各方的关系从价值创造者和使用者演变为同频共创、彼此赋能的价值共同体。在数字时代，企业价值链不断开放，各类专业服务深入企业生产经营过程中共同创造价值，形成一荣俱荣、一损俱损的共生关系。

2. 数字时代的产业金融生态体系

在传统的产业金融生态中，科技、产业、金融是三个既相互联结又相互独立的世界。金融机构、科技企业、产业企业之间通过有限的业务而发生联系，彼此缺少深入合作。但随着数字时代的不断发展，三者之间的关系开始发生变化。在数字经济下，传统的金融业务链条不断被细化，一些业务环节开始被金融机构通过数字技术外包出去，以达到更合理的分工和更有效的社会合作。金融机构在平衡隐私、安全和价值创造的过程中，逐步将自身业务、交易系统、底层账户数据开放给第三方。[①] 第三方科技公司在金融机构和产业客户同意的情况下，将其专业化的数据采

---

① 陈道富，曹胜熙. 数字时代银企关系的三个问题值得思考［EB/OL］. https://baijiahao.baidu.com/s?id=1727900661084350096&wfr=spider&for=pc，2022-03-22.

集能力、分析能力和建模能力不断渗入金融机构的前台、中台、后台，形成了与金融机构的新型合作关系。金融机构通过第三方科技公司的专业化服务能够"看见""看懂""看透"产业企业的发展情况，而产业数字化发展能够透明化产业企业的自身经营管理能力，反过来为金融机构理解其发展需求、提供精准服务带来了更多机会。在此基础上，科技、产业、金融三个相互独立的世界逐渐从有限的业务联结转变为无限的生态联结，生态融合、价值共生的价值创造体系得以建立。

3. 数字时代的金融创新

金融的创新发展必须与时代发展的大势相融合，数字时代的金融创新也是如此。数字时代的产业金融生态正在改变，金融机构需要及时转变发展理念，充分利用数字技术，发挥数据要素的倍增作用，将数据要素注入金融服务全流程，将数字思维贯穿业务运营全链条，强化金融创新的科技武装、数据加持，全面加快数字化转型，重点推动战略理念与商业模式、服务方式和组织架构变革。

第一，战略理念与商业模式变革。金融机构要加快从"竞争战略"到"生态战略"，从"以企业为中心的价值创造体系"到"以共同创造价值为中心的价值创造体系"的转变。金融机构必须摒弃工业经济时代的"竞争战略""零和思维""以企业为中心的价值创造体系"，以互利共赢、融合赋能的开放心态，锻造自身与客户、产业链、科技公司、政府等生态相关方的快速联结能力，实现向"以共同创造价值为中心的价值创造体系"转变。同时，加快从"以产品为中心"到"以客户为中心"的转变，不断培养引进金融数字化人才，建立基于数据驱动的机器决策、产品/服务设计及交付机制。

第二，服务方式变革。在第四次科技革命的催化下，数字经济快速发展，数字时代万物互联、VUCA、数据驱动、生态融合、价值共生等特征日益凸显，产业链供应链关系变得更加复杂，传统产业加快了转型升级步伐，具有线上化、轻资产化等特征的新兴产业不断涌现，这要求金融必须改变看待产业发展的方式，更深入地理解产业运行的逻辑。数据作为生产要素为金融提供了深入理解产业发展的"眼睛"，数字技术为金融提供了提升风险管理的能力、创新服务模式的手段。

第三，组织架构变革。金融机构应推动组织架构往"生态型"方向转变，重点加强业务部门与技术、合规等部门的融合联动，增强快速响应市场变化、创新产品服务和持续迭代优化的能力；以数据要素和数字技术打通银企之间的联结，组织形式根据产业企业的需求而变。

第二章

推动数字经济高质量发展

数字经济作为第四次科技革命的主战场,其健康发展具有重大意义。中国已经具备深度参与甚至引领第四次科技革命,推动数字经济高质量发展的战略优势、经济优势、创新优势和新型基础设施建设优势,金融数字化转型也在加快推进。经济是肌体,金融是血脉,金融应当在全力推进数字化转型的基础上,服务实体经济发展,为构建新发展格局和建设现代化经济体系做出贡献。

同时也需要注意,金融机构如何为我国深度参与甚至引领第四次科技革命、发展数字经济、服务实体经济做出贡献,不仅取决于时代的发展情况,还取决于我国当前的产业发展实际和金融体系情况。因此,我国在数字时代的金融创新须立足中国实际,银行类金融机构应主动作为,着力破解制造业金融服务供给难题。

一、数字经济发展优势凸显

发展数字经济意义重大,是我国把握新一轮科技革命和产业变革新机遇的战略选择，是必须紧紧抓住的战略制高点。推动数字经济发展，有助于我国加快构建新发展格局，推动高质量发展；有助于我国建设现代化经济体系，加快产业价值链升级；有助于我国构筑国家竞争优势，占据国际竞争制高点。

我国已经具备推动数字经济高质量发展的战略优势、经济优势、创新优势和新型基础设施建设优势，并取得了阶段性成果：2017—2021年，我国数字经济规模从27.2万亿元增长至45.5万亿元，年均复合增长率达13.6%，连续多年位居世界第二，占国内生产总值比重从32.9%提升至39.8%，成为推动经济增长的主要引擎之一，预计到2025年我国数字经济规模会超过60万亿元，未来发展前景仍然十分广阔。与此同时，我国金融数字化转型发展卓有成效，尤其是在移动支付、数字普惠金融等领域，已构建起多层次、广覆盖、差异化的服务体系，满足了广大消费者多场景、个性化的消费需求，在涉农用户覆盖量、参与的金融机构数量、技术创新度、贷款规模等各个方面，我国都走在世界前列。[1] 近年来，随着产业互联网的不断发展和数字基础设施的持续建设，产业金融数字化转型也在不断加速，相信其会为解决产业端金融供给的世界性难题提供更多创新理论和实践。

（一）发展数字经济已经上升为国家战略

党和国家领导人对数字经济的发展有深刻认识，并将数字经济上升至国家战略，制定出一系列战略规划来引导其发展。同

---

[1] 人民网. 中国数字金融走在世界前列［EB/OL］. https://baijiahao.baidu.com/s?id=1711371377215321187&wfr=spider&for=pc，2021-09-20.

时，为健全适应数字经济发展的现代金融体系，高质量推进金融数字化转型，各机构、各部门也相应出台了各类规划政策予以引导和支持。

习近平总书记很早就对数字经济的发展进行了深度思考。2000年他在福建工作期间提出建设"数字福建"，2003年在浙江工作期间提出建设"数字浙江"，让数字化、信息化成为实现经济跨越式发展的重要引擎。[①] 习近平总书记对数字经济的认识，是基于我国经济社会进入新常态的重大判断，以及在深入实施网络强国战略的大背景下不断深化的。

2014年5月，习近平总书记在河南考察时，明确提出了经济发展新常态的重大论断，"我国发展仍处于重要战略机遇期，我们要增强信心，从当前我国经济发展的阶段性特征出发，适应新常态，保持战略上的平常心态"。[②]

我国经济发展进入新常态是党中央综合分析世界经济长周期和我国发展阶段性特征及其相互作用的重大战略判断，是发展思路的重大调整，深刻揭示了我国经济呈现"速度变化、结构优化、动力转换"的特点，经济发展方式正从规模速度型粗放增长转向质量效率型集约增长，经济结构正从以增量扩能为主转向调整存量、做优增量并举的深度调整，经济发展动力正从传统增长点转向新的增长点。

2015年10月，习近平总书记在党的十八届五中全会上提出了创新、协调、绿色、开放、共享的新发展理念，[③] 强调创新发

---

① 参见求是网，http://www.qstheory.cn/dukan/qs/2022-01/15/c_1128261632.htm。

② 参见人民网，http://cpc.people.com.cn/n/2014/0511/c64094-25001070.html。

③ 参见旗帜网，http://www.qizhiwang.org.cn/n1/2022/0407/c443708-32393380.html。

展注重的是解决发展动力问题，协调发展注重的是解决发展不平衡问题，绿色发展注重的是解决人与自然和谐问题，开放发展注重的是解决发展内外联动问题，共享发展注重的是解决社会公平正义问题。习近平总书记鲜明指出，"坚持创新发展、协调发展、绿色发展、开放发展、共享发展，是关系我国发展全局的一场深刻变革"。在这场变革中，数字经济、网络强国、网信等关键词频繁出现。

2013年4月25日，习近平主席在出席外事活动时，强调要拓展数字经济等新领域合作。① 2014年2月27日，习近平总书记在中央网络安全和信息化领导小组第一次会议上，明确提出了"努力把我国建设成为网络强国"的战略任务，并且把"形成实力雄厚的信息经济"纳入网络强国建设的内容和要求之中。②

2015年末，习近平主席出席第二届世界互联网大会开幕式并发表主旨演讲。他向来自世界各地的嘉宾表示，"我们愿意同各国加强合作，通过发展跨境电子商务、建设信息经济示范区等，促进世界范围内投资和贸易发展，推动全球数字经济发展"。③ 在2016年召开的网络安全和信息化工作座谈会上，习近平总书记指出："网信事业代表着新的生产力和新的发展方向，应该在践行新发展理念上先行一步。""按照新发展理念推动我国经济社会发展，是当前和今后一个时期我国发展的总要求和大趋势……我国网信事业发展要适应这个大趋势。""我国经济发展进入新常态，新常态要有新动力，互联网在这方面可以大有作

---

① 参见人民网，http://cpc.people.com.cn/n/2013/0426/c64094-21285594.html。
② 参见中国政府网，http://www.gov.cn/ldhd/2014-02/27/content_2625036.htm。
③ 参见新华网，http://www.xinhuanet.com/politics/2015-12/16/c_1117481089.htm。

为。"① 2016 年，在十八届中共中央政治局第三十六次集体学习时，习近平总书记做出重要部署，强调要做大做强数字经济、拓展经济发展新空间。② 2016 年 9 月，二十国集团领导人聚首浙江杭州。习近平主席首次提出发展数字经济的倡议，得到各国领导人和企业家的普遍认同和积极响应。③

至此，对于数字经济的基本认识已经逐步确立，其价值和作用也随着我国数字经济的发展而日益凸显。在此基础上，习近平总书记发表重要论断，"要构建以数据为关键要素的数字经济"。④ 2017 年，习近平总书记在十九届中共中央政治局第二次集体学习时，突出强调了数据在发展数字经济中的重要性。⑤ 党的十九届四中全会首次提出将数据作为生产要素参与分配。2020 年 3 月，《中共中央　国务院关于构建更加完善的要素市场化配置体制机制的意见》（以下简称《意见》）印发实施。作为中央层面第一份关于要素市场化配置的文件，《意见》将数据与土地、劳动力、资本、技术等相并列，提出要加快培育数据要素市场，推进政府数据开放共享，提升社会数据资源价值，加强数据资源整合和安全保护。将数据作为生产要素，这是一个重大的理论突破，为发展数字经济提供了重要指引，对于引导各类要素协同向先进生产力集聚，加快完善社会主义市场经济体制具有重大而深远的意义。

---

① 参见中国政府网，https://www.gov.cn/xinwen/2016-04/25/content_5067705.htm。
② 参见中国政府网，https://www.gov.cn/xinwen/2016-10/09/content_5116444.htm。
③ 参见中国政府网，https://www.gov.cn/xinwen/2021-09/04/content_5635468.htm。
④ 参见中国共产党新闻网，http://theory.people.com.cn/n1/2022/0623/c40531-32454019.htmlP55。
⑤ 参见中国政府网，http://www.gov.cn/xinwen/2017-12/09/content_5245520.htm。

至此，党和国家领导人对数字经济的认识上升到了一个新高度。

2021年10月18日，中央政治局就"推动我国数字经济健康发展"进行集体学习。习近平总书记明确提出，"发展数字经济意义重大，是把握新一轮科技革命和产业变革新机遇的战略选择"，并明确指出发展数字经济的"三个有利于"，即"数字经济健康发展，有利于推动构建新发展格局，有利于推动建设现代化经济体系，有利于推动构筑国家竞争新优势"，"当今时代，数字技术、数字经济是世界科技革命和产业变革的先机，是新一轮国际竞争重点领域，我们一定要抓住先机、抢占未来发展制高点"。[1] 这一重大判断，是对经济规律的深刻揭示，是放眼未来的高瞻远瞩，是开创新局面的行动指引。

随后，一系列重磅规划政策出台，为数字经济的发展保驾护航。2021年9月，工信部等八部门联合印发《物联网新型基础设施建设三年行动计划（2021—2023年）》，明确指出以支撑制造强国和网络强国建设为目标，打造支持固移融合、宽窄结合的物联网接入能力，加速推进全面感知、泛在连接、安全可信的物联网新型基础设施。2021年11月，工信部正式发布《"十四五"大数据产业发展规划》并提出，"十四五"时期，大数据产业发展要以推动高质量发展为主题，以供给侧结构性改革为主线，以释放数据要素价值为导向，围绕夯实产业发展基础，着力推动数据资源高质量、技术创新高水平、基础设施高效能，围绕构建稳定高效产业链，着力提升产业供给能力和行业赋能效应，统筹发展和安全，培育自主可控和开放合作的产业生态，打造数字经

---

[1] 参见中国政府网，http://www.gov.cn/xinwen/2021-10/19/content_5643653.htm。

济发展新优势。2011—2021年，新型基础设施取得了重大进展，已经深度植入和赋能我国经济社会发展。2021年12月，国务院印发《"十四五"数字经济发展规划》并指出，到2025年，数字经济核心产业增加值占国内生产总值比重达到10%，数据要素市场体系初步建立，产业数字化转型迈上新台阶，数字产业化水平显著提升，数字化公共服务更加普惠均等，数字经济治理体系更加完善。《"十四五"数字经济发展规划》为中国数字经济创新发展描绘了宏伟蓝图，提供了强有力的政策支撑。党的二十大报告中指出，要"加快发展数字经济，促进数字经济和实体经济深度融合"。《中共中央　国务院关于构建数据基础制度更好发挥数据要素作用的意见》（以下简称"数据二十条"）中也强调，要指导构建与数字生产力发展相适应的生产关系，不断解放和发展数字生产力；激活数据要素潜能，做强做优做大数字经济，增强经济发展新动能。"数据二十条"的出台标志着我国数据要素基础制度顶层设计基本完成，数据要素市场从无序自发探索进入有序规范的正式探索。2023年2月，中共中央、国务院印发了《数字中国建设整体布局规划》，指出数字中国建设要按照"2522"的整体框架进行布局，全面赋能经济社会发展，做强做优做大数字经济。中共中央进一步确立"数字经济"的战略航向，数字经济作为国民经济"稳定器""加速器"及国家竞争"新优势"的作用进一步凸显。

在数字经济顶层设计和相关政策规划不断完善的同时，金融数字化转型发展战略也在不断铺开。早在2014年，"互联网金融"一词就被写入当年的《政府工作报告》。为加强金融科技工作的规划和统筹协调，进一步推动金融数字化转型发展，2017年5月，中国人民银行成立金融科技委员会，旨在强化金融科技、监管科技应用实践，积极利用大数据、人工智能、云计算等技术丰富金融监管手段，提升跨行业、跨市场交叉性金融风险的甄别、防范和化解能力。2017年6月，中国人民银行印发《中国金融业信息技术"十三五"发展规划》，确立了"十三五"期间金融业信息技术工作的发展目标，从基础设施建设、安全防护、技术创新应用、标准化、技术治理五个方面提出重点任务，为金融科技在金融机构的广泛应用，以及金融基础设施建设提供了良好的条件和环境。

2019年2月，在中共中央政治局就完善金融服务、防范金融风险举行的第十三次集体学习中，习近平总书记指出，"要适应发展更多依靠创新、创造、创意的大趋势，推动金融服务结构和质量来一个转变"。[1] 为了建立健全我国金融科技发展的"四梁八柱"，进一步增强金融业科技应用能力，实现金融与科技深度融合、协调发展的目标，2019年8月，中国人民银行印发《金融科技（FinTech）发展规划（2019—2021年）》。经过三年的发展，我国金融科技完成了"立柱架梁"的任务，全面迈入"积厚成势"的新阶段。为坚守为民初心、切实履行服务实体经济使命，高质量推进金融数字化转型，健全适应数字经济发展的现代金融体系，2022年1月，中国人民银行印发《金融科技发展规划（2022—2025年）》，明确提出要以加快推进金融机构数字化转型为主线，全面提升我国金融业综合实力和核心竞争力。随后，中国银保监会也印发了《关于银行业保险业数字化转型的指导意见》，明确提出"以数字化转型推动银行业保险业高质量发

---

[1] 参见中国政府网，http://www.gov.cn/xinwen/2019-02/23/content_5367953.htm。

展""到 2025 年，银行业保险业数字化转型取得明显成效""将数字化转型情况纳入银行保险机构信息科技监管评级评分"。在《关于进一步推动金融服务制造业高质量发展的通知》中也强调，要创新金融产品和服务，增强金融创新的科技支撑，"加强数据和信息共享，运用应收账款、存货与仓单质押融资等方式，为产业链上下游企业提供方便快捷的金融服务"。

（二）经济基础厚实、市场规模庞大，为数字经济提供了发展和创新支撑

厚实的经济基础和庞大的市场规模不仅为我国数字经济的发展提供了有力支撑，同时也为我国金融数字化转型的发展提供了广阔的发展和创新空间。

经济基础厚实。国家统计局的数据显示，2022 年，我国经济规模达到 121 万亿元，经济总量占世界经济的比重达 18%，为世界第二大经济体，对世界经济增长的贡献率超过 36%；人均 GDP 达到 8.57 万元，超过世界人均 GDP 水平。国际影响力持续扩大。2022 年，我国货物贸易额、外汇储备均居世界首位，吸引外资和对外投资居世界前列，形成更大范围、更宽领域、更深层次对外开放格局，为推动世界经贸复苏、维护全球产业链供应链稳定发挥了不可替代的重要作用。稳定、高质量发展是下一阶段的主题，我国经济的可持续增长为数字经济和金融数字化转型的发展奠定了良好的基础。

市场规模庞大。我国是世界第二大经济体、第一制造业大国和最大的货物贸易国，拥有庞大的市场规模和经济发展空间。有需求才会有供给，庞大的市场规模意味着丰富而巨大的市场需

求，这为科技提供了可感知、可测量、可预估的创新应用方向。同时，新供给创造新需求，新科技的创新应用也能刺激新需求，创造新的增长点。正如美国福特汽车公司创始人亨利·福特所说："如果我最初问消费者他们想要什么，他们会告诉我要一匹更快的马。"庞大的市场规模在第四次科技革命中作用显著，是联结科技供给和市场需求的必备条件，为数字经济发展和金融数字化转型提供了广阔的发展和创新空间。

首先，庞大的市场规模能够降低科技创新应用的成本。庞大的市场规模能够全面降低科研的试错成本，更好地分摊战略性技术研发和新型基础设施建设所需要的巨量成本，能够为先进技术的快速迭代升级和大规模市场应用提供条件。庞大的市场自带规模效应和网络效应，能够使先进的创新成果迅速经过市场的检验，扬弃科研方法和市场对接方式，使相关产业企业在低成本、高收益的环境中迅速崛起，赢得竞争优势和主动权。

其次，庞大的市场规模能够提供丰富的创新场景。任何科技创新都离不开创新场景的支撑。丰富而多元的场景为科技创新和应用提供了市场试验场所，能够为新技术、新模式、新业态的诞生和发展提供快速产业化、规模化的良好环境，扩大规模收益，降低边际成本，使创新活动得到更多收益，刺激市场更有活力。

最后，庞大的市场规模有利于在制定新技术标准方面赢得主动权。新技术研发应用需要技术标准，而技术标准设定权的大小取决于新技术研发国的国内市场规模大小。人口越多、市场规模越大的国家，按照其技术标准生产的产品和服务边际成本一般较其他国家越低，其产品和服务在国际市场的竞争力会越强，其技术标准越有可能变成世界标准。我国有14亿多人口,是世界人口第一大国,按照购买力平价计算,我国在2014年就已经成为世界第一大经济体。因此,在和发达国家竞争新技术标准制定时,我国的人口和市场规模让我们具有比较优势。[①] 抓住了制定新技术标准的主动权,就相当于抓住了第四次科技革命技术创新应用的关键。

(三)创新动能持续增强,全面提升数字经济发展质效

创新动能的持续增强有利于数字经济高质量发展。金融创新的科技驱动和数据赋能是金融数字化转型的重点,创新动能的持续增强也会提升金融数字化转型的质效。

数据产量不断提升,数据要素市场规模持续增长,为数字时代创新奠定了基础。《数字中国发展报告(2021年)》《2022中国数字经济发展研究报告》指出,2017—2021年,我国数据产量从2.3ZB(泽字节)增长到6.6ZB,数据产量占全球近1/10,是数据总量最大、类型最丰富、增速最快的国家之一;省级公共数据开放平台的有效数据集增长至近25万个。2022年,大数据产业规模增长至1.57万亿元,同比增长18%。根据中国电子信息产业发展研究院(CCID)的统计数据,我国大数据市场规模由2019年的619.7亿元增长至2021年的863.1亿元,复合年均增长率达到18%。

创新能力持续提升,关键核心技术创新能力大幅提升。数字技术研发投入逐年增加,量子计算原型机、类脑计算芯片、碳

---

① 参见 https://www.nse.pku.edu.cn/sylm/xwsd/503906.htm。

基集成电路等基础前沿领域取得原创性突破，人工智能、区块链、物联网等新兴领域形成一批自主底层软硬件平台和开源社区，关键产品技术创新能力大幅提升，初步形成规模化应用效应。2022年，我国数字经济核心产业发明专利授权量达32.5万件，同比增长17.9%。关键数字技术中人工智能、物联网、量子信息领域发明专利授权量居世界首位。根据世界知识产权组织统计数据，2021年，我国PCT（专利合作条约）国际专利申请总量达69 540件，连续三年位列全球第一，信息领域PCT国际专利申请数量超过3万件，较2017年提升60%，全球占比超过1/3（见图2-1）；2022年，中国PCT国际专利申请总量超过7万件，同比增长0.6%。其中，根据《2021年人工智能专利综合指数报告》，2018年1月至2021年10月，全球超过100个国家和地区共新增65万件人工智能专利申请，其中申请数量最多的3个国家分别为中国、美国和日本，专利申请量及占比分别是44.5万件、68.5%，7.3万件、11.2%和3.9万件、6.0%，中国已成为人工智能专利申请的大国，远超第二名美国。物联网技术创新量大、应用广，据工信部统计，截至2020年底，中国物联网产业规模已突破2.4万亿元，相关专利累计申请数量突破万件，基本形成覆盖智能感知、信息传输处理、应用服务的完整产业链。5G实现技术、产业、应用全面领先，高性能计算保持优势，全球超算500强中我国上榜数量蝉联第一，芯片自主研发能力稳步提升，国产操作系统性能大幅提升，规模化推广应用加速。2021年，我国拥有5G标准必要专利声明数量占比已经超过38%，居全球首位。根据国家知识产权局统计数据，截至2021年底，我国数字经济核心产业的有效发明专利达97.7万件，是2016年的

2.8倍，占国内有效发明专利的比重达到35.2%。

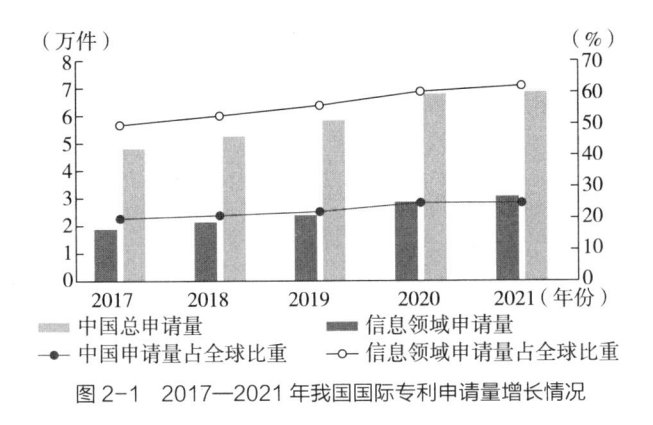

图2-1　2017—2021年我国国际专利申请量增长情况

我国数字技术蓬勃发展，相关领域的自主知识产权创造和储备不断增加。2022年7月，德国专利商标局发布的报告显示，2021年，在与数字化相关的数字通信等技术领域，中国在德国的专利申请公开量较上年明显增加，优势地位不断巩固。企业创新主体地位持续增强，2017—2021年，上市互联网企业研发投入增长227%。2021年，我国有683家企业进入全球研发投入2 500强榜单，在无人机、电子商务、云计算、人工智能、移动通信等领域成长起一批具有国际影响力的创新型企业。

但同时也要注意到，与建设世界科技强国的目标相比，我国还面临重大科技瓶颈，关键领域核心技术受制于人的局面没有从根本上改变，科技基础仍然薄弱，科技创新能力特别是原创能力与世界科技强国还有很大差距。

（四）新型基础设施建设加快推进，已经成为数字经济发展的战略基石

无论哪一次科技革命都需要配套的基础设施建设来承载其发

展。第一次科技革命时期，为满足煤炭、石油、铁矿、工业制成品的运输需求，以铁路、轮船、公路为代表的交通运输基础设施快速发展。第二次科技革命时期，电力工业迅速发展，同时，水电站、火电站、高压电站等新型基础设施快速崛起。第三次科技革命时期，信息时代来临，为满足信息生产、传输、分析的需求，光缆、移动通信、卫星等基础设施快速发展。目前，世界已经迎来第四次科技革命，需要以数据要素和数字技术为基础的新型基础设施来承载第四次科技革命的发展。2020年，国家发展改革委提出新基建主要包括信息基础设施、融合基础设施、创新基础设施三类（见表2-1）。

表2-1 新基建的内涵和范围

类别	内涵	范围
信息基础设施	基于新一代信息技术演化生成的基础设施	以5G、物联网、工业互联网、卫星互联网为代表的通信网络基础设施，以人工智能、云计算、区块链等为代表的新技术基础设施，以数据中心、智能计算中心为代表的算力基础设施
融合基础设施	深度应用互联网、大数据、人工智能等技术，支撑传统基础设施转型升级，进而形成的融合基础设施	智能交通基础设施、智慧能源基础设施等
创新基础设施	支撑科学研究、技术开发、产品研制等具有公益属性的基础设施	重大科技基础设施、科教基础设施、产业技术创新基础设施等

2018年12月中央经济工作会议提出新基建这一概念，2019年3月其被写入国务院《政府工作报告》。自此以后，新基建这一概念就不断出现在我国国务院常务会议、中共中央政治局常务委员会会议等中，表明了国家对新基建的高度重视。近年来，我

国新型基础设施建设也取得了明显成效，对数字经济的高质量发展和金融数字化转型的支撑作用正在加快释放。根据工信部、国家发展改革委等相关部门的研究和统计，我国信息基础设施、融合基础设施和创新基础设施的建设主要有如下特征。

一是信息基础设施建设不断健全。我国建成了全球规模最大、技术领先的网络基础设施。根据工信部统计，我国移动网络由 4G（第四代移动通信技术）并跑迈入 5G 引领时代，截至 2022 年 7 月，我国已许可的 5G 中低频段频谱资源共计 770MHz（兆赫），许可的中低频段频率资源总量位居世界前列；截至 2022 年底，我国累计建成开通 5G 基站达 231 万个，实现了"县县通 5G""村村通宽带"，工业互联网高质量外网覆盖全国 300 多个城市，国家工业互联网大数据中心体系建设稳步推进。深入实施"宽带中国"战略，建成了全球最大的光纤和移动宽带网络，光缆线路长度从 2012 年的 1 479 万千米增长到 2021 年的 5 481 万千米，增长 2.7 倍。截至 2021 年，我国行政村、脱贫村通宽带率达 100%，行政村通光纤、通 4G 比例均超过 99%。固定宽带加速向千兆时代升级，超 300 个城市启动千兆光纤宽带网络建设，百兆及以上宽带接入用户数达到 4.98 亿户，千兆用户规模达 3 456 万户。网络基础设施全面向 IPv6（互联网协议第六版）演进升级，截至 2022 年 7 月，我国 IPv6 活跃用户数达 6.97 亿户。

算力基础设施规模高速增长。近 5 年算力年均增速超过 30%，我国算力规模达到 140EFLOPS（每秒一百亿亿次浮点运算），位居全球第二。2021 年以来，国家发展改革委陆续批复了京津冀、长江三角洲、粤港澳大湾区、成渝、内蒙古、贵州、甘肃、宁夏 8 个国家算力枢纽节点建设方案，并规划了张家口集群等10个国家数据中心集群，目的是发挥东西部各自比较优势，把东部算力需求转变为西部增长力量，实现能源和算力的全国统筹。2023年2月，国内首个一体化算力交易调度平台——"东数西算"一体化算力服务平台在宁夏回族自治区正式上线。[①]

数据中心与数据开放平台加快建设。截至2022年底，全国在用数据中心超过650万标准机架，算力总规模位居世界第二。我国建成一批国家新一代人工智能公共算力开放创新平台，以低成本算力服务支撑中小企业发展需求。各地积极探索数据治理规则，培育数据要素市场，促进数据流通交易和开发利用。另外，我国实现了民用空间基础设施建设的快速发展。当前，我国卫星遥感系统已形成全球观测能力，主要领域国产卫星数据自给率超过90%。北斗三号全球卫星导航系统建成运行，已在20多个国家开通高精度服务，总用户数超20亿户。

二是融合基础设施建设持续推进。信息技术的进步推动传统基础设施智能化改造，经济转型升级也因此被带动发展，保障改善民生的能力大幅提升。在智能交通领域，港口和高速公路智能化改造成果显著，电子地图全面覆盖，电子客票全面普及，快递电子运单使用率超过90%，人民群众出行体验和物流便捷化水平大幅提升。在智慧能源领域，我国发布了全球首套煤矿专用高可靠5G网络，改造后的煤矿大量采用无人操作系统，高危岗位人员数量减少一半以上，对保障人民财产和生命安全非常有利。在工业互联网领域，全国已建"5G+工业互联网"项目超过

[①] 郭冀川. "东数西算"一周年算力渐成数字经济增长新引擎［EB/OL］. https://baijiahao.baidu.com/s?id=1758063381351059810&wfr=spider&for=pc，2023-02-17.

2 000个，成为推动复工复产、保持产业链供应链稳定的重要支撑力量。总体来看，5G不仅使线上消费变得近在咫尺，而且让工业制造更加智能高效。

三是创新基础设施加快建设。党的十八大以来，我国在创新基础设施建设方面取得了许多突破。截至2021年，我国已布局建设57个重大科技基础设施，未来5年还将建设一批高水平基础设施，届时我国大设施数量将位居全球前列。我国在重大科技基础设施建设方面，已经从五年前以跟跑为主，转变为跟跑和并跑并行，有的领域甚至已实现领跑，达到国际领先水平。

在新型基础设施建设加快推进的同时，我国金融基础设施日趋完备，为推动数字经济高质量发展、服务实体经济筑牢根基保驾护航。[①]在2020年中国人民银行等六部门发布的《统筹监管金融基础设施工作方案》中明确指出，金融基础设施是指为各类金融活动提供基础性公共服务的系统及制度安排，在金融市场运行中居于枢纽地位，是金融市场稳健高效运行的基础性保障，是实施宏观审慎管理和强化风险防控的重要抓手。我国金融基础设施统筹监管范围包括清算结算系统（包括开展集中清算业务的中央对手方）、重要支付系统、基础征信系统等设施及其运营机构。

我国支付清算系统布局逐步完善优化，达到国际领先水平。我国支付清算系统建设持续推进，全面支持企事业单位大额资金汇划、金融市场交易、居民个人零售支付、境内外币支付等各类支付场景，满足了不同时间、金额、币种的跨行清算和使

---

① 温源.金融基础设施建设：为服务实体经济"架桥铺路"[N].光明日报，2022-06-23.

用多类支付工具进行资金结算的需求，在国际同类系统中处于领先水平。根据中国人民银行统计，2021年全系统处理业务笔数、金额分别达到218.55亿笔、6 622.19万亿元，2021年全年处理金额相当于同期我国GDP总量的58倍；系统参与者15万余家，覆盖全国绝大部分银行机构，并联结债券、外汇等金融市场，是我国社会资金汇划的"主动脉""高速路"。中国人民银行自2012年组织建设CIPS（人民币跨境支付系统）。截至2021年底，CIPS共有参与者1 259家，参与者覆盖全球103个国家和地区，业务开展覆盖全球178个国家和地区，基本能满足人民币跨境支付结算需求。2021年，作为境内首家被金融监管部门认定的合格中央对手方，上海清算所推出大宗商品现货清算业务，解决了实体企业长期存在的现货线下交收不便、安全性得不到保障等痛点。目前，数字人民币试点已进入快车道。截至2022年末，多地数字人民币开立钱包数量均达百万元量级，更有部分地区的累计交易金额超千亿元。2023年以来，多个"首单"项目得以落地，涉及跨境消费、供应链金融、交通出行等场景。商业银行也在持续深化数字人民币相关研究和应用，提高风险管理和服务水平。同年2月21日，恒丰银行宣布，该行首笔数字人民币联合收单业务落地山东省济南市，通过打通数字人民币收单与账户结算通道，实现了商户收单零手续费。中国工商银行上海市分行表示，该行实现了数字人民币智能合约在供应链金融场景的创新试点应用。[1]

　　以网络为依托积极创建现代化支付服务体系，开启了支付领

---

[1] 王方圆. 多地发布数字人民币试点成绩单"首单"项目精彩纷呈［EB/OL］. https://www.cs.com.cn/xwzx/hg/202302/t20230224_6325419.html, 2023-02-24.

域建设新篇章。我国网联平台作为承载全国网络支付转接清算的金融基础设施，联结了近 4 000 家银行和支付机构，单日业务量高达 20 多亿笔，金额达 1 万多亿元，快速成为全球最大的零售支付清算体。

征信和动产融资领域基础设施不断完善，金融信用信息基础数据库建设和服务持续深化。2012 年以来，国家金融信用信息基础数据库建设不断深化，服务能力、运行效率和安全性能持续提升，收录的自然人、企业及其他组织数量稳步增长，实现了有信贷记录信息主体的全覆盖。企业和个人信用报告、关联查询、重要信息提示等征信产品和服务不断丰富，在帮助信用良好的个人和企业获得融资机会、防范金融风险、促进信贷市场发展、优化营商环境等方面发挥了重要作用。中国人民银行动产融资登记服务范围不断扩大，形成了应收账款质押和转让、融资租赁、仓单质押等十多项担保登记服务，为国家建立动产和权利担保统一登记制度奠定了基础。统一登记服务有效促进了动产和权利担保物增量扩面，增强了中小微企业融资的可获得性。

二、银行类金融机构应着力破解制造业金融服务供给难题

从金融体系来看，我国以银行业为主导；从产业发展实际来看，制造业是我国实体经济的主体，战略地位高、对经济高质量发展具有重要作用。但目前，制造业高质量发展需求与现有金融服务供给之间依然存在不匹配问题，且融资问题在制造业领域更为突出。因此，我国在数字时代的金融创新应当立足中国实际，银行类金融机构需要主动作为，着力破解制造业金融服务供给难

题，推动"科技—产业—金融"良性循环，为构建新发展格局和建设现代化经济体系贡献金融力量。

（一）制造业是实体经济的基础，是振兴实体经济的主战场

习近平总书记指出，要坚持把发展经济的着力点放在实体经济上。[①] 制造业是国民经济、实体经济的主体和基础，是立国之本、兴国之器、强国之基。自 18 世纪中叶开启工业文明以来，世界强国的兴衰史和中华民族的奋斗史一再证明，若没有强大的制造业，就没有国家和民族的强盛。打造具有国际竞争力的制造业，是我国提升综合国力、保障国家安全、建设世界强国的必由之路。

大力发展制造业是习近平经济思想的重要内容。[②] 习近平总书记高度重视制造业的发展，强调"制造业是国家经济命脉所系"[③]，"制造业特别是装备制造业高质量发展是我国经济高质量发展的重中之重"[④]，提出"把推动制造业高质量发展作为构建现代化经济体系的重要一环"[⑤]，要求"把实体经济特别是制造业做实做优做强"[⑥]，"打造有国际竞争力的先进制造业集群，打造自主可控、安全高效并为全国服务的产业链供应链"[⑦]。

---

① 参见中国政府网，http://www.gov.cn/xinwen/2022-10/25/content_5721685.htm。
② 何自力. 大力发展制造业和实体经济［N］. 经济日报，2022-09-27.
③ 参见人民网，http://jhsjk.people.cn/article/31685908。
④ 参见人民网，http://jhsjk.people.cn/article/30320097。
⑤ 参见人民网，http://jhsjk.people.cn/article/31365471。
⑥ 参见人民网，http://jhsjk.people.cn/article/31797420。
⑦ 参见人民网，http://jhsjk.people.cn/article/31932590。

党的十八大以来，以习近平同志为核心的党中央高度重视制造业的发展，制定了一系列战略规划推动制造业高质量发展。2015年，中国实施制造强国战略第一个十年行动纲领《中国制造2025》发布，明确提出坚持走中国特色新型工业化道路，以促进制造业创新发展为主题，以提质增效为中心，以加快新一代信息技术与制造业深度融合为主线，以推进智能制造为主攻方向，以满足经济社会发展和国防建设对重大技术装备的需求为目标，促进产业转型升级，实现制造业由大变强的历史跨越。"十四五"规划中明确提出，要深入实施制造强国战略，加快推进质量强国建设，坚持自主可控、安全高效，推进产业基础高级化、产业链现代化，保持制造业比重基本稳定，增强制造业竞争优势，推动制造业高质量发展。2021年，工信部等八部门联合印发《"十四五"智能制造发展规划》。该规划指出，智能制造是制造强国建设的主攻方向，"十四五"及未来相当长一段时期内，推进智能制造要立足制造本质，紧扣智能特征，以工艺、装备为核心，以数据为基础，依托制造单元、车间、工厂、供应链等载体，构建虚实融合、知识驱动、动态优化、安全高效、绿色低碳的智能制造系统，推动制造业实现数字化转型、网络化协同、智能化变革。党的二十大报告中明确指出，建设现代化产业体系，坚持把发展经济的着力点放在实体经济上，推进新型工业化，加快建设制造强国、质量强国、航天强国、交通强国、网络强国、数字中国。

制造业在我国经济发展中有着至关重要的地位。现代化经济体系的建设离不开制造业的引领和支撑。制造业价值链长、关联性强、带动力大，为农业和服务业提供原料、设备、动力和技术保障，在很大程度上决定着现代农业和现代服务业的发展水平。①我国制造业大国地位稳固。根据世界银行的统计，1992年，我国制造业出口占商品出口的比重已经超过美国；自2006年起，这一比重就一直维持在世界第一的位置。2010年，我国制造业增加值首次超过美国，稳居世界首位。2010—2022年，我国制造业增加值从13.3万亿元增加到37.3万亿元，占全球比重从19.8%提高到近30%，持续保持世界第一制造大国地位。根据工信部发布的数据，在500种主要工业产品中，我国有超过25%产品的产量位居世界第一，且已拥有39个工业大类，191个中类，525个小类，成为全世界唯一拥有联合国产业分类中全部工业门类的国家。另外，制造业对我国经济增长贡献率较高。近十年规模以上制造业增加值占GDP比重的平均值为28.8%。2022年，我国GDP同比增长3%，其中，第二产业中的工业对GDP增长的贡献率占比居于首位，达到36%。我国制造业增加值占工业增加值的比重基本稳定在85%左右，其余部分则是采矿业和水电气热等生产和供应业，因此我国制造业对经济增长贡献率较高，拉动作用显著。

制造业的战略定位和其对经济高质量发展的重要作用决定了我国的金融服务需要"脱虚向实"，服务以制造业为主体的实体经济。目前，欧美等发达国家正在推行"再工业化"战略，谋求在技术、产业化等方面重塑领先优势，进一步拉大与我国的差距；而越南、印度等发展中国家则以低成本劳动力承接劳动密集型产业的国际转移，抢占中低端制造业，我国制造业发展面

---

① 陈新光.陈新光：中国迎来从"制造大国"向"制造强国"的历史性跨越［EB/OL］. https://baijiahao.baidu.com/s?id=1737778971690611736&wfr=spider&for=pc.2022-07-08.

临发达国家"高端回流"和发展中国家"中低端分流"的双重挤压。

欧美等发达国家和部分新兴国家制造业"回流"与"分流"措施

欧美等发达国家实行了诸多战略鼓励制造业"回流"。例如,美国制定了"再工业化"战略、"制造业复兴计划""工业互联网""先进制造业伙伴计划""重整美国制造业框架"等战略规划,成立了"智能制造领导联盟",全力推动制造业的回归和复兴;德国以其强大的工业制造业为依托,推出了"工业4.0战略"发展规划和"高科技战略2025",进一步加大科技研发和创新力度,推动制造业自动化、数字化、智能化发展进程;日本开始实施"制造业再兴战略"和"日本制造业竞争力策略",以巩固其制造大国地位;韩国制定了"制造业新增长动力战略"和"制造业创新3.0计划"等,把发展智能制造作为本国构建制造业竞争优势的重要举措;法国提出了"新工业法国战略",力图重振法国实体经济。

部分新兴国家也先后出台加快制造业发展的战略规划,依靠其低成本劳动力优势和资源优势建设新的世界工厂。其中,印度出台了"制造业国家战略",力争到2022年将制造业产值提高到占其GDP的25%以上;巴西成立了"国家工业发展理事会",公布了"工业强国计划",推行制造业减税政策,同时加快了企业重组和制造业调整步伐。此外,还有国际组织提出了《二十国集团数字经济发展与合作倡议》(2016年)、《二十国集团新工业革命行动计划》(2016年)等。

随着数字经济与实体经济深度融合，数字技术在制造业的创新应用越发广泛，制造业转型升级步伐加快，更加需要金融业发挥为制造业"造血""输血"的功能，为服务实体经济发展、构建新发展格局和建设现代化经济体系做出更大贡献。

我国正在不断加大对制造业的金融支持力度。根据中国人民银行统计数据，2022年末本外币工业中长期贷款余额17.06万亿元，同比增长26.5%，增速较各项贷款高16.1%，较上年末高3.9%。根据中国银保监会统计数据，2022年制造业各项贷款新增4.7万亿元，增量为2021年的1.7倍；全年投向制造业的中长期贷款余额同比增长36.7%，较各项贷款增速高25.6%；融资成本持续压降，2022年制造业贷款平均利率较上年下降0.4%。但制造业高质量发展需求与现有金融服务供给之间依然存在不匹配问题，且融资问题在制造业领域更为突出。目前，制造业资金供给以短期流动资金为主，长期资金配置较少，存在期限结构失衡的问题；大量金融资源主要流向供应链产业链中的核心企业，以及有政府信用背书的企业和项目，中小企业融资难题依然突出；以间接融资为主的金融资源，大多投向成长成熟期企业，对于处于种子期初创期的制造企业支持力度不够。[1] 另外，由于制造业供应链存在环节多、节点间关系复杂，以及链上节点种类多样化等特点，同时受外部环境影响大，供应链结构易受冲击造成"断链"的风险[2]，融资问题在制造业领域更为突出。

---

[1] 参见辛国斌在2020金融街论坛年会上的演讲，https://baijiahao.baidu.com/s?id=1681222019212449705&wfr=spider&for=pc。

[2] 陈洁，郭彦雪，屈李莹.基于SEM模型的制造业供应链稳定发展影响因素研究[J].时代经贸，2022（2）：111–112.

（二）我国金融体系以银行为主导

以银行为主导是我国金融体系的特色之一。从社会融资规模来看，间接融资的占比远高于直接融资。2022年末社会融资规模存量和增量累计分别为344.21万亿元和32.01万亿元，间接融资存量和增量占比均超过80%。在我国的金融业机构总资产结构中，银行业机构总资产占比一直在90%左右，居于主导地位。根据中国人民银行统计数据，2022年，我国金融业机构总资产为419.65万亿元，同比增长9.9%。其中，银行业机构总资产为379.39万亿元，同比增长10%；证券业机构总资产为13.11万亿元，同比增长6.6%；保险业机构总资产为27.15万亿元，同比增长9.1%（见图2-2）。

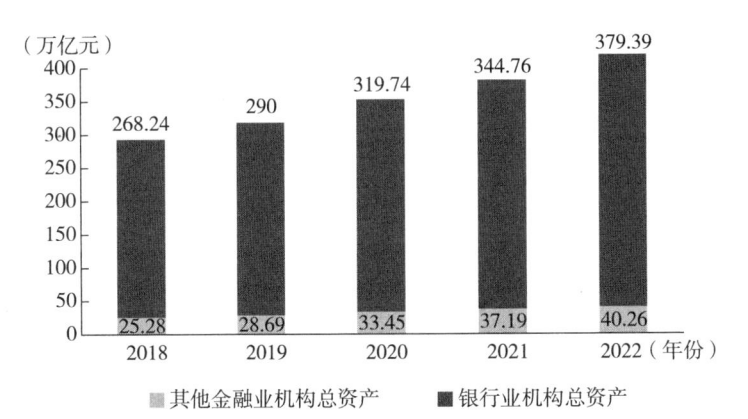

图2-2 2018—2022年金融业机构总资产结构

注：2018—2022年银行业机构总资产在金融业机构总资产中的占比分别为91.4%、91.0%、90.5%、90.3%和90.4%。

以银行为主导的金融体系构建有深刻的历史、文化和制度背景。1993年12月，《关于金融体制改革的决定》正式颁布，明确提出要建立中央银行宏观调控体系，以国有商业银行为主、多种金融机构并存的组织体系以及统一开放、有序竞争、严格管理的市场体系，促进金融更好地适配社会主义市场经济体制需要，促进国民经济持续、快速、健康发展。在此后的30年里，我国逐渐形成了以银行为主导的金融体系。银行内部体系健全，资金雄厚，破产风险极小，在政策支持和经济调控上也更加有力，符合中国国情。同时，我国金融发展并没有排斥其他形式的金融方式，多层次资本市场体系快速发展。我国已经形成涵盖主板、科创板、创业板、新三板、北交所、区域性股权市场在内的多层次资本市场体系，各板块和市场功能定位明确，支持不同类型、处于不同成长阶段企业的创新发展。但是也需要注意，我国金融市场化程度还不够高，在某种程度上会导致金融资源的分配效率和分配方式与我国经济发展需求不完全匹配的问题。

与中国的金融体系不同，美国的金融体系是以市场为主导的。市场主导型的金融体系是以直接融资市场为主导的金融体系，其资本市场比较发达，直接融资效率高，企业的长期融资以资本市场为主，银行更专注于提供短期融资和结算服务。在市场主导型的金融体系中，证券市场承担了相当一部分银行所承担的融资、公司治理等职能，资金通过金融市场实现有效配置，使有限的资金投入优秀的企业中，金融市场自发且有效率地配置资源，从而促进经济发展。

以市场为主导的美国金融体系的形成经历了一个发展过程。美国在19世纪后期的情况与大部分工业后发国类似，产业结构以大规模工业企业为支柱，这决定了其早期金融结构以银行为主、金融工具以贷款为主。随后，美国金融模式开始在监管的引导下转型，联邦政府首先限制了银行的规模和地理范围，然后出台了《克莱顿法案》和《格拉斯-斯蒂格尔法案》，直接限制了银行与行业的关系，美国金融体系自此开始逐步转向市场主导型。[1]

在此基础上，中美企业的融资结构有较大的差异。通过对比中美企业融资结构（见表2-2）可知[2]，美国企业一直以来都以股票和债券等直接融资方式进行融资，2008—2018年直接融资额累计占比达到62.27%。而中国企业主要以贷款等间接融资方式进行融资，2008—2018年间接融资额累计占比达到67.92%。

我国的金融体系和产业发展实际决定了我国在数字时代的金融创新，银行类金融机构应主动作为，着力破解制造业金融服务供给难题，推动"科技—产业—金融"的良性循环，加快构建新发展格局和现代化产业体系。随着制造业在发达国家"高端回流"和发展中国家"中低端分流"局势的演进，此类难题解决的意义会越来越大。

---

[1] 张晓晶.汲取国际经验走中国自主的金融发展道路［J］.开发性金融研究，2022（6）：4-5.
[2] 王岚.从中美企业融资结构对比思考国内企业融资方式和债券融资环境［J］.科技视界，2019（4）：3-4.

表 2-2 中美企业融资结构对比

美国	2008年	2009年	2010年	2011年	2012年	2013年	2014年	2015年	2016年	2017年	2018年	累计占比
股票	2 426	2 642	2 617	1 984	1 369	1 260	890	381	287	473	693	21.33
债券	2 722	6 985	-5 455	743	24 823	-16 425	3 824	3 177	1 900	6 467	68	40.94
贷款	3 433	-2 134	3 015	4 983	6 317	-15 437	4 490	5 283	3 271	5 238	8 109	37.73
中国	2008年	2009年	2010年	2011年	2012年	2013年	2014年	2015年	2016年	2017年	2018年	累计占比
股票	2 677	4 412	7 985	6 295	4 248	3 584	7 508	13 829	18 375	15 006	8 902	9.59
债券	5 480	11 110	10 994	12 756	21 723	17 511	26 565	33 515	37 630	12 840	27 418	22.48
贷款	35 298	71 561	48 536	43 952	56 414	51 783	64 786	74 264	60 887	66 975	82 793	67.92

注：美国企业数据单位为亿美元，中国企业数据单位为亿元，累计占比单位为%；数据均为年度净增加值，即当年新发债券扣除当年到期的债券、新增贷款扣除到期贷款。

资料来源：彭博，中国人民银行，万得资讯，中国证券监督管理委员会。

078　产业数字金融

第二篇

产业数字金融的内涵与意义

在第四次科技革命的浪潮下，产业链供应链上的中小企业成为数字经济时代的主力军和主战场。但产业端金融供给不平衡不充分、中小企业融资难融资贵问题一直以来既是中国难题也是世界难题，其系统性解决没有"作业"可抄。

为解决上述问题，多方都曾进行有益探索，比如采用产融结合、投贷联动、传统供应链金融、基于消费互联网的数字普惠金融等方式，这些探索在不同侧面虽然取得了一定成效，但都没能够系统性解决产业端金融供给不平衡不充分、小微企业融资难融资贵问题。

通过分析产业端金融供给痛点产生的原因以及对多方探索经验的总结可以发现，破解金融机构与产业之间信息不对称问题是系统性解决中小企业融资难题的核心所在，而随着科技的进步，产业互联网时代的数字技术和数据要素为系统性破解上述难题提供了可能。各种数字技术的创新应用为破解信息不对称问题提供了解题工具；数字时代的数据要素具备"五全信息"的特点，有较强的产业金融属性，为破解信息不对称问题提供了优质的原材料，能够揭示以往看不清、摸不透、信不过、管不住的底层资产，减少银企间信息不对称，改变传统的风险管理模式，从而系统性解决产业端金融供给不平衡不充分、中小企业融资难融资贵问题。

基于以上的破题逻辑，本篇回顾且分析了以银行为主体的产业金融发展历程，并明确提出在数字时代，产业金融进入了 3.0 阶段，即产业数字金融阶段。目前，国内已有不少专家学者提出对数字时代下产业金融数字化发展的理解，其中也有人使用过产业数字金融这一提法。这些观点各有侧重，但都是基于数字技术和数据要素，特别是产业互联网的发展来探索更高效的产业金融服务方式，以破解产业端金融供给痛点。基于此，本篇探讨了什么是产业数字金融，并详述了产业数字金融的意义和价值。

第三章
产业端金融供给现状及痛点

实体经济是一国经济的立身之本，也是国家财富的主要来源和强盛的重要动力。发展实体经济有利于增强实体企业的盈利能力，推动经济高质量发展。自党的十八大以来，以习近平同志为核心的党中央高度重视发展实体经济，多次强调实体经济在国民经济中的基础性作用，要牢牢把握发展实体经济这一坚实基础。[1] 从"不论经济发展到什么时候，实体经济都是我国经济发展、在国际经济竞争中赢得主动的根基"[2]，"工业化很重要，我们这么一个大国要强大，要靠实体经济，不能泡沫化"[3]，到"中国是个大国，必须要做强实体经济，不能'脱实向虚'。要虚实结合，以实为基础"[4]，习近平总书记提出的这一系列重要论断充分强调了壮大实体经济的重要性，体现了壮大实体经济是新形势下的战略选择，要求我们必须把振兴实体经济放到更加突出的位

---

[1] 参见中国政府网，https://www.gov.cn/govweb/jrzg/2012-01/09/content_2040396.htm。
[2] 参见中国政府网，http://www.gov.cn/xinwen/2020-11/03/content_5556828.htm。
[3] 参见央视网，https://news.cctv.com/2017/12/18/ARTIS7hQHrzY31gbA1xn39Qf171218.shtml。
[4] 参见中国政府网，https://www.gov.cn/xinwen/2017-04/25/content_5188735.htm。

置抓实、抓好。党的二十大报告也提出，建设现代化产业体系，坚持把发展经济的着力点放在实体经济上，推进新型工业化，加快建设制造强国、质量强国、航天强国、交通强国、网络强国、数字中国。党的二十大报告进一步强调了发展实体经济的重要性，指出要把实现经济高质量发展的最基本底盘放在实体经济的升级发展上，这也为中国未来发展指明了方向。

一、产业端金融供给现状

自改革开放以来，我国实体经济发展取得了巨大成就，实体经济各个重点领域发展水平不断提升。特别是近年来，党中央从坚持金融为实体经济服务到推动数字经济和实体经济融合发展，从全面提升基础固链、技术补链、融合强链、优化塑链能力，到推进产业基础高级化、产业链现代化，一系列政策举措不断增强我国产业链韧性和竞争力，激发了我国实体经济的创新活力和发展后劲。但不可否认的是，随着金融对实体经济支持力度的不断加大，产业端金融供给不平衡不充分的问题也逐渐显现。

随着百年变局的加速演进，加快发展数字经济、推动数字经济与实体经济融合、重振以制造业为主体的实体经济，已经成为大国竞争博弈的战略重心。国与国之间的竞争背后实际是纵横交错、相互关联的产业链供应链的竞争。对此，《中华人民共和国国民经济和社会发展第十四个五年规划和2035年远景目标纲要》提出"深入实施制造强国战略"，在加强产业基础能力建设、提升产业链供应链现代化水平、推动制造业优化升级、实施制造业降本减负行动等多个方面做出部署。中小企业作为保持产业链供应链稳定性和竞争力的关键环节，在助力我国实现制造强国的目标中发挥着重要作用。

中小企业作为实体经济的重要组成部分，是我国国民经济和社会发展的重要力量，是创新的重要发源地，是提升我国经济韧性、就业韧性的主力军，是建设现代化经济体系、推动经济实现高质量发展的微观基础，是构建新发展格局的有力支撑。我国中小企业具有"56789"的典型特征，即中小企业贡献全国50%以上的税收，创造60%以上的国内生产总值，完成70%以上的技术创新，提供80%以上的城镇劳动就业，占据90%以上的企业数量。根据国家统计局的统计数据，截至2021年末，全国中小微企业数量达4 800万户，较2012年末增长2.7倍；2021年我国日均新设企业2.48万户，是2012年的3.6倍。中小企业快速发展壮大，成了数量最大、最具活力的企业群体。随着第四次科技革命的兴起，数字经济快速发展，推动中小企业数字化转型成为推动质量变革、效率变革、动力变革的必由之路，如何助力中小企业数字化转型也成为实现经济高质量发展迫切需要解决的重要命题。

经济是肌体，金融是血脉，实体经济的健康发展离不开金融的支持。自党的十八大以来，我国金融业取得新的重大成就，金融服务实体经济的能力稳步提升。一方面，我国已经形成多层次资本市场，从科创板、创业板先后试点注册制，到深化新三板改革稳步推进，再到北京证券交易所设立，我国资本市场为越来越多中小企业的发展提供了更有针对性的融资服务；另一方面，近年来我国对中小企业的信贷力度也在不断加大。根据中国银保监会统计数据，2022年，普惠型小微企业贷款余额达到23.6万亿元,近5年年均增速约25%,远高于贷款平均增速。以金融领域"国家队"的国有六大行为例,根据其半年报数据,2022年1月至6月,六大行普惠型小微企业贷款余额合计7.84万亿元,较上年末增长20.99%;普惠型小微企业贷款客户合计832.89万户,较上年末增加113.88万户。同时,信贷结构持续优化,精准滴灌制造业等关键领域。中国银保监会数据显示,2022年制造业各项贷款新增4.7万亿元,增量为2021年的1.7倍。

在金融服务实体经济取得较好成效的同时,我国产业端金融供给不平衡不充分、中小企业融资难融资贵问题依然较为突出。2017年工信部调查显示[1],我国33%的中型企业、38.8%的小型企业和40.7%的微型企业的融资需求得不到满足。中小微企业在融资中处于弱势地位,其所获得的融资支持与其国民经济地位之间存在较大差距。中国中小企业大多是民营企业,发展时间短、自有资产少、抗风险能力相对较弱、资信水平较低、财务制度不健全、运作不规范,因此难以达到金融机构贷款要求,部分金融机构对中小企业惜贷、压贷、抽贷、断贷的情况时有发生。此外,金融机构缺乏对国有企业和民营企业一视同仁的态度。[2]中国财政科学研究院发布的《疫情背景下的企业成本及其运行状况:2020年"企业成本"问卷调查分析报告》显示,在融资规模上,国有企业平均融资规模明显高于民营企业,2019年样本企业国有企业平均融资规模为9 738万元,而民营企业仅有2 695万元,国有企业融资规模是民营企业融资规模的约3.6

---

[1] 孟扬.金融科技助力消除小微金融服务"痛点"[EB/OL].https://www.financialnews.com.cn/kj/jrcx/201808/t20180817_144286.html,2018–08–17.

[2] 方芳.我国金融体系存在哪些供需失衡难题[J].人民论坛,2019(15):57–58.

倍。更多的金融资源流向产业链中具有绝对话语权的核心优势大企业以及有政府信用背书的企业和项目，真正有融资需求的中小企业仍面临资金不足的窘境。如图3-1所示，通过对比不同企业的贷款需求指数可以发现，越是小型企业，贷款需求越强烈。同时，银行的贷款审批一直以来都未满足市场上企业的贷款需求，产业端金融供给不平衡不充分、中小企业融资难融资贵问题持续存在。

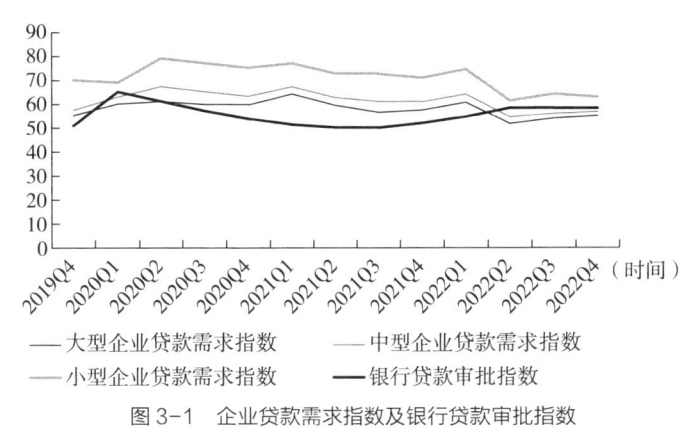

图3-1　企业贷款需求指数及银行贷款审批指数

注：Q1为第一季度，Q2为第二季度，Q3为第三季度，Q4为第四季度。
资料来源：中国人民银行统计整理，万得资讯。

中小企业融资难融资贵不仅是我国长期存在的老问题，也是一个世界性的难题。全球供应链金融论坛的报告指出，2018年全球主要银行撤出发展中国家市场，从而限制了企业获得贸易融资的机会，贸易融资缺口扩大至约1.5万亿美元，中小型企业均受到不同程度的冲击，超过一半的中小型企业贸易融资需求被银行拒之门外，其中超过70%的中小企业无任何其他可获取融资的渠道。根据世界银行等国际组织测算，2020年全球发展中国家中小企业融资缺口达到约 4.5 亿美元，占其潜在融资需求的 56%，全球中小企业融资难现象日益加剧。[1]

此外，在数字化、绿色化的新发展趋势下，中小企业融资难融资贵问题日益突出，对产业端金融供给提出了新的挑战。

首先，在新一代数字科技的支撑和引领下，传统产业利用数字化技术进行全方位、全角度、全链条改造，即产业数字化，并呈现三种形态：企业数字化、产业链数字化和产业生态数字化。通过运用数字化思维，以数字技术为基础、以数据要素为核心、以数字化组织和企业文化为保障，对企业的业务模式、运营流程、管理体系等进行数字化重构和创新，以提升企业自身的竞争力，创造更多价值，实现可持续发展。随着数字化进程的不断推进，传统产业链供应链上下游的物流、信息流、业务流、资金流等变得更加便捷和融通，从而实现产业链数字化。同时，新一代信息技术与工业、制造与服务、软件与硬件快速跨界融合，传统上以产品或企业为主体的竞争模式已然被打破，以平台为核心、以软件定义为标志的产业链垂直整合日益加速，竞争关键点已从单纯的产品和技术的竞争演变为生态体系的竞争。[2]

传统产业的数字化转型对金融服务提出了新要求。第一，面对数字化浪潮，传统企业面临转型所需的资金量增加。一方面，企业需要更多的中长期资金来支撑数字化转型；另一方面，在数字化转型后，由于企业自身经营和管理效率提升，为维持正常运

---

[1] 张望军.加快完善直接融资支持机制　更好服务中小企业融资需求［R］.北京：金融街论坛，2020.

[2] 罗培，赵易凡.产业数字化转型的三种形态［EB/OL］. http://www.iii.tsinghua.edu.cn/info/1121/3166.htm, 2023–02–22.

转，企业所需的流动资金量也会增加。① 第二，随着数字技术的广泛应用，以及产业链上下游的延伸与拓展，产业链上的企业可以突破时空的限制来吸引并联结更多的客户，在客户和业务增多的同时，企业短、小、急、频的融资需求特点也更加突出。第三，随着各行各业数字化转型的深入推进，包括"专精特新"企业在内的一批科创企业诞生。这些科创企业具有高技术含量、高投入、高成长、高风险和轻资产的"四高一轻"特征，其融资需求也呈现不同于传统企业的特征。除了缺乏有效的抵质押物、企业经营管理机制不健全等传统融资痛点，科创企业在关键技术研发、科技成果转化、产品服务销售等各环节都有较强的融资需求，且需求程度深浅不一、需求周期长短不同，融资供给不平衡不充分问题较为严峻。2020年美国埃森哲管理咨询公司的研究显示，在数字时代，企业生命周期迅速缩短，企业的发展不再遵循从生产、发展到最后灭亡的正弦曲线，而是短期内爆发式的竞争和潜在的骤亡。科创企业出现跨周期成长，金融供需矛盾更加突出。② 科创企业往往掌握比较尖端的科技能力，拥有一定的知识产权，但是知识产权的信用评价难度大，传统的知识产权质押融资模式门槛和成本较高，不具有普适性。截至2021年末，全国民营企业贷款余额为52.7万亿元，其中全国专利商标质押融

---

① 温雅婷，余江.数字技术赋能，持续推进商业银行价值共创 [J].现代金融导刊，2021（8）：5-8.
② 周羽中，王黎明.数字时代商业银行对科创型企业全生命周期金融服务创新研究 [J].当代经济管理，2022（5）：92-93.

资金额为 3 098 亿元，占比不足 0.6%；[①] 虽然 2022 年全年专利商标质押融资金额首次突破 4 000 亿元，惠及企业 2.6 万家，其中 70.5% 为中小微企业，已经取得显著成绩，但是该项指标占全国民营企业贷款余额的比重依然较低。此外，即便科创企业通过知识产权质押获得融资，但如何处置这些知识产权也成为金融机构的一大难题。

其次，产业的绿色化发展也对金融服务提出了新的挑战。当前，我国已进入经济结构调整和发展方式转变的关键阶段，绿色发展成为必然，同时也带来了更加强劲的资金需求。但实际上，我国金融机构在绿色金融与转型金融服务领域参与度较低，不愿意给予那些没有明确标准的转型活动以资金支持。同时，还存在期限错配的问题。绿色行业中很多是中长期项目，比如污水、固废、新能源等，很多项目的还款期都是 10 年甚至 20 年。这些绿色项目大多以银行为主要融资渠道，会受到融资期限的制约。例如，中国的银行系统平均负债期限只有 6 个月，提供中长期贷款的能力非常有限，这就使中长期绿色项目容易产生融资难融资贵的问题。但究其根本，还是金融机构看不清、摸不透产业企业的绿色资产，管不住其中的风险，不能在融资额度和融资期限上为其提供所需的资金支持。在推动产业企业绿色化、低碳转型方面，金融机构仍然任重道远。

[①] 石青川. 知识产权质押融资的堵点在哪儿？［EB/OL］. https://baijiahao.baidu.com/s?id=1732671724273987600&wfr=spider&for=pc，2022-05-13.

二、产业端金融供给问题

对于中小企业融资难融资贵这一世界性难题,目前已有大量研究试图破解。可以发现,产生这一问题的原因是多方面的。

从产业端来看,一是我国产业多处于全球价值链的中低端,这些产业附加值低、利润空间小。对于产业中的中小企业,银行一方面没有盈利空间,另一方面不能精准防控相关风险。因此,银行不愿意放贷或需要较高成本才能放贷,不能真正满足中小企业的融资需求。

二是产业端的中小企业经营不确定性强、生命周期短。中小企业自身生产规模较小,难以实现标准化生产,且对市场相关动态变化的应对能力欠缺,经营的不确定性较强,因此增加了贷款违约率。[1] 部分产业的中小企业,尤其是制造业产业链还存在环节多、节点间关系复杂及节点种类多样化等特点,当外部环境影响较大时,容易发生"断链"风险,使企业的融资问题更为突出。此外,据普华永道统计,中国中小企业的平均寿命仅为2.5年,这也使企业偿还贷款的现金流得不到保证,难以获得金融机构的支持。

三是中小企业财务制度不健全,且缺乏有效的抵押担保。一方面,很多中小企业缺乏专门的财务管理部门和专业的财务人员,财务相关票据经常出现缺、无、错、损现象,在收支信息流通的过程中缺乏透明性,导致会计核算和财务报表的可信度不

---

[1] 尹杞月.中小企业融资难研究——基于投融资双方稳定合作关系的角度[D].成都:西南财经大学,2012:28-34.

高，金融机构很难通过企业提供的财务信息掌握其营收能力和发展状况，加大了中小企业的贷款难度。另一方面，由于中小企业在经营过程中的实物资产不够雄厚，在贷款时不能充分提供有效担保物给银行或其他金融机构作为抵押，因此很难获得贷款。虽然目前有许多专门的担保机构可以弥补中小企业担保物的不足，但是担保费用也在无形之中增加了中小企业的融资成本。

从金融端来看，一是直接融资门槛较高，较难满足中小企业要求。企业获得直接外源融资主要通过发行股票的股权融资和发行企业债券的债券融资。但股权融资的上市门槛太高，大多数中小企业无法通过这种方式解决资金难题；对于债券融资来说，受限于风险抵押机制以及债券发行额度的要求，中小企业通过债券进行融资的可能性也很小。因此，当前中小企业的融资渠道主要集中于银行等金融机构的间接融资。

二是在间接融资中，金融机构不了解产业企业，无法满足不同中小企业的融资需求。金融机构对中小企业的信用评估和风险控制依赖企业的财务报表、抵质押物等，很难深入产业企业内部，真正了解产业链特点、交易特点、风险特点等，因此个性化、定制化的融资产品较少，无法满足不同产业、不同类型、不同商业模式的中小企业对融资额度和融资期限的需求。

从环境因素来看，一是中小微企业社会信用体系建设有待加强。目前，我国中小企业社会信用体系建设尚处于起步阶段，中国人民银行的银行征信体系收集的数据范围有限，工商、税务、海关等部门的数据信息缺乏制度化共享机制，对金融机构信贷审批的帮助有限。部分地方政府信息平台尚未建立规范的信息披露制度，各部门之间依然存在"信息孤岛"问题，以政府为主导的公共信息平台的作用没有得到充分发挥。市场化的信用服务机构及平台较少，信用评级体系不健全、标准不统一，信用评估方式较为传统，很难对中小企业融资提供针对性服务。例如，知识产权信用评估体系不健全对科创企业的知识产权融资造成了影响。

二是融资支持政策不完善。为缓解中小企业融资难融资贵问题，近年来我国出台了一些新政策，但问题均未得到根本性解决。原因有以下两点。其一，这些政策仍处于探索的初级阶段，没有形成更完备的支持中小企业发展的融资政策体系，在支持中小企业融资方面仍然杯水车薪。[①]其二，这些政策在落实的过程中存在"打折扣"的现象，没有真正落实到位，有些只在短期内起到了缓解作用[②]，并没有从根本上解决问题。

综上所述，导致产业端金融供给不平衡不充分、中小企业融资难融资贵问题的原因是多方面的，既有产业端附加值低、中小企业经营和财务方面的问题，也有金融端融资门槛高，不了解产业企业，无法满足不同企业对融资额度和融资期限需求方面的问题，还有社会信用体系不健全、政策不完善等社会环境因素的影响。但多方面原因的背后，是产业链上物流、信息流、商流和资金流中存在大量信息不对称、数据难验真、动态不实时、资产难穿透等困难。信息不对称导致了金融服务的风险成本变高，是目前产业链上民营中小微企业融资难融资贵等社会问题的根本原因。

---

① 周宏谦.探究中小企业融资困难的原因及对策[J].中国集体经济，2021（32）：77-78.
② 任敏.我国中小企业融资现状与对策研究[J].企业科技与发展，2021（6）：143-144.

因此，缓解信息不对称是解决该问题的关键。只有让金融机构真正了解产业企业，才能对中小企业进行准确的信用评估，建立更加有效的沟通和反馈机制，中小企业也才能向金融机构更加完整、准确地提出自身的金融服务诉求，从而实现"双向奔赴"。在此过程中，金融机构除了能解决中小企业的融资问题，还能助力其经营管理能力的提升，在"授人以鱼"的同时也"授之以渔"。

第四章

解决产业端金融供给痛点的探索

我国的金融体系是以银行为主导的。因此，本章研究解决产业端金融供给痛点的探索，也是以银行为主导的或者以银行作为重要参与方所发起的探索。这些探索主要包括产融结合、投贷联动、传统的供应链金融，以及数字普惠金融（基于消费互联网）等模式。产融结合最初是从产业端发起的，后来逐渐形成了包括银行主导型在内的多类产融结合模式；投贷联动一直是银行等金融机构利用"股权＋债权"金融工具服务中小微科创型企业的重要方式；我国传统的供应链金融从一开始就是由银行端发起并持续发展壮大的；在基于消费互联网的数字普惠金融创新发展过程中，科技公司担当了首批技术与模式创新应用者的角色，其带来的"鲶鱼效应"激发了传统金融机构创新，发挥了更大价值。目前，银行等金融机构都已经进入数字普惠金融领域中，并逐渐发挥主导作用。虽然前述探索都在缓解中小企业融资难融资贵方面取得了一定的效果，但由于信息不对称等问题仍然存在，相关难题均未得到系统性解决。

一、产融结合

（一）产融结合的内涵

产融结合是产业资本与金融资本的结合，具体是指产业与金融业在经济运行中为了共同的发展目标和整体效益，通过参股、持股、控股和人事参与等方式而进行的内在结合或融合，其中的一个重要目的在于产业通过金融领域获得更多资源来做大做强自身。从两种资本的载体来看，产业资本一般是指工商企业等非金融机构占有和控制的货币资本及实体资本；金融资本一般是指银行、保险、证券、信托、基金等金融机构占有和控制的货币资本及虚拟资本。

产融结合模式的划分有不同的依据和标准。就各个经济主体在产融结合发展过程中的相互关系，以及经济主体所处的经济发展阶段与特定的制度环境而言，可以将产融结合的模式概括为以下四类：政府主导型、银行主导型、企业主导型、市场主导型（见表4-1）。

表4-1　产融结合的模式

发展模式	政府主导型	银行主导型	企业主导型	市场主导型
基础条件	政府主导推动经济增长，推行产业政策、金融政策	银行体系发达，并能经由信贷和股份等控制企业	准市场经济体制，企业自治并能够开办金融机构	健全的市场经济体制以及配套的法律制度体系
运行主体	政府	商业银行	企业	市场
运行方式	信贷扶持	主银行制	分散化	价格与竞争
经济效应	强大的动员能力，效率相对低下	资本汲取能力强，竞争性较差	自由交易，金融体系分散	高效的资源配置，有效识别风险

续表

发展模式	政府主导型	银行主导型	企业主导型	市场主导型
风险控制	风险水平较高，控制能力较弱	企业经营与银行体系风险放大	风险水平高，金融动荡的影响大	市场自身也存在盲目性，需要引导
典型国家	苏联、韩国	日本、德国	南斯拉夫	美国、英国

资料来源：王吉鹏.产融模式［M］.北京：经济管理出版社，2012。

欧美等国家产融结合模式的发展历程可以划分为以下四个阶段。

第一阶段："由融而产"盛行。欧美等国家的产融结合于19世纪末兴起，当时欧美各国基本不限制工商企业和金融机构相互持股和跨界经营。由于当时的产业整合运作比较依赖银行，因此以J.P.摩根、英国慧富、摩根士丹利等金融机构为代表的"由融而产"的各类企业集团逐渐形成。

第二阶段："由产而融"出现。20世纪30年代，美国爆发金融危机并波及世界各国，联邦政府开始限制工商企业和金融企业互相持有股票，"由融而产"的产融结合模式受到一定程度的遏制，产业的资本供给受到影响。于是，一些大型工商企业开始在公司内部设置金融部门或金融公司，"由产而融"出现。这些金融部门或金融公司不仅是为自身发展而进行投融资服务，也会为供应链上下游提供投融资服务，在提升金融资源利用率的同时更好地巩固自身作为核心企业的地位。

第三阶段："由融而产"回归。20世纪80年代开始，西方国家放松了金融管制，金融混业经营逐渐盛行，金融资本得以再次与产业资本结合。这个阶段金融资本主要通过发行垃圾债券收购企业、利用基金进行体外融资等手段控制产业资本。在此阶段,"由产而融"的模式并没有受到很大影响,依然快速发展。

第四阶段:重组金融业务。2008年全球金融危机后,金融机构受到金融危机的打击主动收缩业务,减少了产业投资和并购。产业公司意识到金融业务的风险较大,如果疏忽风控可能会将公司带入万劫不复的局面。因此,很多产业公司选择回归主业,缩小金融业务,将其占比控制在公司可承担的范围内。

我国政策规定银行不能直接投资实业,所以我国产融结合的模式没有沿着"由融而产"的路径发展,而主要是"由产而融",即我国的产融结合多为产业集团从事金融业务。

(二)产融结合的效果

产融结合能助力金融业与实体产业协同发展,实现金融资本与业务发展的良性循环。产融结合为产业端企业与金融机构之间搭建了桥梁,能大幅消除信息不对称的障碍。产融结合产生的协同效应来源于二者所处不同行业的异质性与互补性,二者结合能够更有效地整合双方资源,提升整体效益。具体来说,一方面,通过金融活动内部化,金融机构能更好地理解并看清产业的发展,更准确地识别各类融资企业的风险,获得融资业务量的保证,有利于金融机构的发展壮大。另一方面,产融结合能够使实体企业更加充分地利用金融资源优化自身资源配置,以较高效率、较低成本获得大笔融资资金,增强投融资决策的科学性和合理性,以规模经济提升公司运营效率;在此基础上,产融结合能够使实体企业对企业内部的金融业务与产业业务进行有效整合,运用已有的资源和品牌优势支持金融资本发展,并随着金融资本的不断壮大进一步汇聚金融资源,支持企业的创新活动,实现金融资本与业务发展的良性循环。

产融结合能够提升企业的资本利用效率，获取更多信贷支持。实体企业通过以股权为纽带与金融机构建立良好的合作伙伴关系，能够直接拓宽银企间信息交流渠道，降低信息不对称的程度，使金融资源得到有效利用。围绕优质企业的产融结合还可以向金融机构和信贷市场传递企业的积极信号，在增强金融机构对企业信心的同时，在信贷市场中提高企业自身声誉，从而获取更多的信贷支持。

产融结合能够降低企业的交易成本，优化资源配置。当企业在主导产业发展进程中涉及大量外部金融经济交易活动时，产融结合可以将产业资本与金融资本共同置于一个公司控制主体之内，从而形成一种包含金融机构的内部资本市场，使资金外部循环内部化，从而提高企业资金的使用效率，有效降低企业交易成本。实体企业与金融机构之间基于债权债务关系构建的产融结合模式是外部经济活动内部化的重要实现方式。产融结合为企业的进一步发展提供了庞大的金融资本支持，通过强约束力、低交易成本、适度流动性和高透明度等途径保证了产业与金融资本的结合效率，更有效地实现了内部资源配置，解决了资本配置扭曲等问题，有利于企业突破自身发展的局限性，加快转型升级。

（三）产融结合的局限性

虽然产融结合在一定程度上缓解了产业端中小企业的融资难题，但依然存在一定的风险和局限性。

首先，产融结合可能会对实体企业的价值产生一定程度的影响。由于金融行业属于高溢价、高杠杆和高风险的行业之一，企业涉足金融业务可能会带来风险的传递和外溢,与金融机构相关的、利润最大化目标导向的多元化经营更容易导致多元化折价,在一定程度上影响企业价值。[①] 产融结合在增加企业资本供给、缓解融资约束的同时也会产生"多钱效应",即产融结合带来更多的增量资金。企业不一定会高效地利用资金,在极端情况下,更多的资金意味着更多的浪费、更低的投资效率和更强的现金流敏感性,这会给企业经营带来风险,降低企业的价值。[②]

其次,产融结合有可能扩散和放大金融风险。虽然企业通过涉足金融业务所产生的利润有所增加,但企业主营业务的盈利质量可能会出现恶化,尤其当企业依靠大量债务融资但较少地参与价值增加活动时,金融风险的尾部溢出效应显著。基于内部资本市场理论,从企业集团的视角来看,当集团内部分公司、子公司陷入财务困境或经营危机时,集团总部通常会动用其他分公司、子公司的资金来救助,但财务风险具有传染性,极端情况下可能导致集团整体发生风险。此外,从企业产融结合程度的动态视角来看,当金融机构介入程度较低时,难以对公司资本配置形成硬约束,金融资本和产业资本之间的风险不容易传导,但实体企业只能被动接受风险,运营效率波动明显。尤其在我国实践中,由一些非金融企业投资形成的金融控股公司盲目向金融业扩张,将金融机构作为"提款机",抬高了风险。

虽然从国际经验来看,产融结合能够服务中小企业融资,但

---

① 辛曌.多元化经营与多元化折价——企业多元化研究的新进展[J].中国工业经济,2003(12):72–73.
② 周卉,谭跃.产业政策、产融结合与企业融资约束[J].华东经济管理,2008(11):83–89.

是从我国经验来看，产融结合的案例多以大中型企业和国有企业为主，中小企业的产融结合实施案例并不多见。

二、投贷联动

（一）投贷联动的内涵

以创新驱动为特色的中小微科创型企业未来的发展前景良好，行业发展增速较快，但由于缺少抵质押物，存在较大风险，因此难以得到传统信贷的支持。同时，商业银行也难以享有中小微科创型企业未来的高增长和高收益。在这一矛盾的背景下，为促进双方协同发展，投贷联动模式诞生。

投贷联动是金融机构运用"股权+债权"金融工具，形成权益融资和债权融资相结合的方式，为处在生产周期不同阶段的中小微科创型企业提供差异化金融服务，并同时联合私募股权基金、风险投资基金或创业投资基金等机构，进行股权投资而形成的新型融资模式。

目前，投贷联动主要用于中小微科创型企业的信贷市场，旨在化解中小微科创型企业收益与风险不对称问题，缓释金融机构的授信风险，并满足中小微科创型企业的短期融资需求，弥补其长期资金需求缺口。通过投贷联动，不仅可以提高中小微科创型企业直接融资比例，还可以优化其融资结构，降低融资成本，在一定程度上缓解中小微科创型企业的融资难题。

（二）投贷联动的模式及效果

根据《中华人民共和国商业银行法》规定，"商业银行在中华人民共和国境内不得从事信托投资和证券经营业务,不得向非自用不动产投资或者向非银行金融机构和企业投资,但国家另有规定的除外"。商业银行不能直接进行股权投资,只能通过第三方载体完成对企业的股权投资过程。按照第三方载体的不同,可以将投贷联动分为以下三种业务模式。

一是商业银行与创投机构合作模式。这是目前国内银行普遍采用的模式。在该模式下,商业银行凭借自身广泛的客户资源,为创投机构筛选推荐优质企业,并为创投机构提供包括财务顾问和托管在内的综合服务。同时,在创投机构对企业已进行评估和投资的基础上,商业银行与创投机构以"股权+债权"模式对企业进行投资,形成股权投资和银行信贷联动。例如,汉口银行采用此模式对武汉东湖高新区的中小微科创型企业给予金融支持。由于这种模式的政策限制少、可操作性强,因此最具实用性。通过该模式,商业银行可以依托创投机构的专业知识和投资能力有效控制风险,提高客户服务能力,获得新的业务机会。但与此同时,两类独立的法人机构在经营理念、风险偏好、利益驱动等方面有所不同,也可能导致联动效率较低、协调成本较高。

二是商业银行集团内部投贷联动模式。商业银行通过集团下设信托公司、基金公司、境外子公司等,在集团内部就可实现对科创企业的投贷联动。这种集团模式更适用规模较大的银行,对于不完全具备综合化经营条件的中小银行,其适用性受到限制。具体而言,大型商业银行通过境外子公司在国内设立股权投资管理公司来间接投资企业股权,比如中银国际通过设立渤海产业投资基金对科创企业投融资,中国工商银行、中国建设银行等国有大行也有相关业务采取了此模式。这种模式能充分发挥集团优势、缩短决策链条、降低沟通成本，但由于需要借助境外子公司或者资管机构，其并非最直接的投资方式。

三是商业银行设立股权投资公司模式。由于《中华人民共和国商业银行法》的规定，限制了商业银行使用自有资金去投资未上市企业股权和私募股权基金，但通过设立子公司的做法属于间接持有企业股权，是符合规定的。例如，上海银行的法人子公司上银投资公司与上海银行浦东科技支行联袂，对中小微科创型企业提供"股权投资＋债权融资"的投贷联动金融服务。在该模式下，通过设立股权投资公司，商业银行可以在集团内部在投贷联动的风险控制、收益分享、资源共享等方面进行更有效的机制安排。同时，该模式在风险偏好、考核激励上也更加灵活和市场化，更容易为各类银行所用。但需要注意的是，集团内部需要设立风险隔离机制，以防风险扩散。

（三）投贷联动的局限性

我国商业银行在投贷联动的业务实践中，虽然对投贷联动的业务模式、运行机制、风险管控手段等进行了富有成效的探索，但仍存在以下问题。

一是投贷的风险隔离体系不够健全，可能使风险扩散。投贷联动的对象一般是风险较高的中小微科创型企业，所以商业银行要构建新型业务工作流程与风险隔离机制，构建严格有效的"防火墙"，对投资、信贷进行独立审核评估，避免风险扩散传导。由于我国商业银行在投贷联动方面起步较晚，尚处于尝试探索阶段，在防范集中度风险以及建立有效、严密、合规的投贷风险预测、风险识别与隔离机制等方面还不够健全，一旦股权投资公司经营不善，风险可能会扩散，给商业银行带来冲击。

二是风险补偿机制不够完善，影响业务发展。根据《中华人民共和国商业银行法》等法律法规，商业银行在为中小微科创型企业提供信贷融资时，不能以获取中小微科创型企业的股权作为信贷收益，也不能以认购期权的收益来补偿风险。这就导致银行贷款的利益收入和风险不对等，由此也将影响商业银行投贷联动相关业务的有序开展。

三是目前的风险评价和管理体系无法适应投贷联动的运作机制，无法实现有效风控。银行的一般性贷款是以风险控制为主，而投贷联动是以经营风险为主，二者需要协调。目前，大多数银行在运作投贷联动模式时风险评估体系和风险管理体系并没有进行相应调整，整个评分卡体系依然是重财报、重抵押物，对于轻资产、高收益、高风险、投资周期长的科创企业，发明专利、著作权等"软实力"几乎不被纳入考察范畴。

三、传统供应链金融

（一）供应链金融的内涵

深圳发展银行（现平安银行）于 2003 年推出"1+N"融资模式，于 2006 年 6 月首次提出"供应链金融"的概念，并结合自身在供应链金融业务实践中的操作经验，把供应链金融界定为向一个产业供应链中核心企业及其上下游多个企业提供全面的金融服务，为实现供应链中"产—供—销"全链条企业资金流的稳固和运转顺畅，构建金融资本与实体经济之间、供应链内部主体之间的相互协作、互利共存、持续发展、良性互动的产业生态。

对于供应链金融的内涵，不同的专家学者有不同的理解。胡跃飞等人[①]指出，供应链金融实际上是一种封闭型的自偿性贸易融资信贷方式，金融机构依据供应链主体间的实际交易关系而进行融资安排，对供应链节点提供差异化的授信支持以及其他金融服务，通过引入供应链上核心企业和物流公司等相关利益主体进行协同式运作，实现对供应链金融风险的防范。王晓东等人[②]把供应链金融看作商业银行在供应链基础上的一项业务模式创新，是一种新型独特的信贷模式，这种模式从中观的视角分析整个产业链供应链，形成了以核心企业、第三方物流、银行和非银行金融机构、电子商务平台等为参与主体的各具特色的供应链金融运作方式。同时，供应链金融通过运用丰富的金融工具，实现供应链上物流、信息流和资金流的高效整合，在资源优化配置的同时进一步提升整条供应链的运营效率。宋华等人[③]提出，供应链金融建立在物流、商流与金融管理的基础上，将供应链网络的相关参与者紧密整合在一起，促进金融与供应链运营结合，从而实现对供应链中的资金优化利用和降低供应链融资成本，推动供应链整体经营绩效的提升。韦霞萍等人[④]提出，供应链金融就是金融机构、类金融机构在对企业客户内部交易结构和交易链条进行分

---

① 胡跃飞，黄少卿.供应链金融：背景、创新与概念界定[J].金融研究，2009（8）：194–206.
② 王晓东，李文兴.供应链金融研究综述与展望——基于产业与金融互动机理供应链金融研究综述[J].技术经济与管理研究，2015（7）：100–104.
③ 宋华，陈思杰.供应链金额的演进与互联网供应链金融：一个理论框架[J].中国人民大学学报，2016（5）：95–105.
④ 韦霞萍，何晓明.互联网背景下供应链金融的发展与前景探析[J].计算机时代，2018（1）：4.

析的基础上，对交易的物流、资金流、信息流、商流进行综合把控，针对供应链的不同节点提供封闭授信，并用交易产生的收入偿还融资，依靠对企业供应链"四流"的控制，帮助企业盘活流动资产，从而解决企业融资问题。

2020年9月22日，中国人民银行、工信部等八部门联合发布《关于规范发展供应链金融 支持供应链产业链稳定循环和优化升级的意见》（以下简称《意见》），第一次明确了供应链金融的内涵和发展方向，向市场传递清晰的信号。《意见》指出，供应链金融是指从供应链产业链整体出发，运用金融科技手段，整合物流、资金流、信息流等信息，在真实的交易背景下，构建供应链中占主导地位的核心企业与上下游企业一体化的金融供给体系和风险评估体系，提供系统性的金融解决方案，以快速响应产业链上企业的结算、融资、财务管理等综合需求，降低企业成本，提升产业链各方价值。

经过多年的发展，传统供应链金融的融资模式多样，比较有代表性的融资模式包括应收账款融资模式、预付账款融资模式和存货质押融资模式。

应收账款融资模式是指中小企业将应收账款质押在金融机构处，核心企业担保还款。根据融资方式和主体不同，分为应收账款质押融资和保理融资两种。

预付账款融资模式与应收账款融资模式相反，主要是针对下游采购商对上游供应商赊购所造成的资金缺口。预付账款融资主要有先票（款）后货融资、担保提货融资等方式。

存货质押融资模式是指资金需求者将其在运营过程中拥有的存货质押给资金提供者，即金融机构，同时将存货转移给具有法律管理权的第三方物流组织负责监督和保管，从而获得金融机构贷款。存货质押融资主要有静态质押融资、动态质押融资、仓单质押融资等方式。

近年来，随着大数据、人工智能、云计算等数字技术的兴起与运用，供应链金融也在不断创新。数据化、智能化发展为金融创新提供了一定的技术基础和原始动力，在线化、电子化有效降低了供应链金融行业的交易成本。随着供应链金融的发展，越来越多的市场主体参与其中，供应链金融的产业生态也在不断健全，交易方、平台提供方、风险管理方以及流动性提供方正在逐渐构成一个生态关系网络。

（二）传统供应链金融的发展与效果

在西方发达国家，供应链金融几乎是与其他金融业务同步发展起来的，始于19世纪中期的存货质押贷款业务。经过两百多年的完善与发展，其产品种类已经非常丰富，业务管理模式也比较成熟，在国外银行业务中占有重要的位置。随着全球化的不断发展，全球供应链逐渐形成，物流企业成为供应链上商流、信息流等信息数据的聚集地。因此，物流企业深入参与供应链金融的发展过程，通过与银行合作，为其提供供应链运作信息，并提供产品评估、监控、担保等服务，帮助银行对中小企业进行信用评估，推动供应链金融发展。例如，美国联合包裹运送服务公司为大型进货商和众多供应商提供物流服务，旗下的财务公司以此切入物流与商贸链条，为供应商提供存货质押、应收账款质押等供应链金融服务，并在之后逐步将业务拓展至信用保险、中小企业贷款、货物保险等其他相关金融服务。随着数字技术的创新应用，物流企业的数字化、智能化水平进一步提升，逐渐成为供应链商流、物流、信息流和资金流的采集与整理平台，供应链金融发展上升到一个新台阶。

根据技术的创新应用程度，我国供应链金融在发展的过程中大致经历了如下三个阶段。[①]

第一阶段，线下或者半线下阶段。在此阶段，供应链金融业务的主体是银行，主要依托核心企业的信用支撑，围绕核心企业上下游的供应商和分销商提供金融服务（一般局限在一级服务商）。银行仅担任资金的提供方，且高度依赖核心企业的信用，因此在开展业务时并未理解产业企业的发展实际，对交易的真实性也难以验证。同时，由于信息化水平不高，很多风控手段基本依赖人工。此阶段是供应链金融的初始阶段，业务模式运行的人工成本较高、处理效率低下，业务量小、推广面窄、风控体系不健全。

第二阶段，线上化阶段。此阶段业务主体开始呈现多元化的特点，除银行以外，供应链核心企业、具有竞争力的电商平台、物流企业、供应链管理公司等也逐渐深入供应链金融的业务中。得益于信息化水平的提高，一方面，供应链金融系统基本与核心ERP（企业资源计划）完成了对接，业务流程整体线上化，一定程度上避免了第一阶段中存在的操作风险；另一方面，业务主体能够通过信息化技术获取核心企业和产业链上下游企业的仓储、付款等各种经营信息，通过建立供应链金融信息化系统，并根据

---

① 杨位通．产业金融数字化转型如何发力？［EB/OL］．https://mp.weixin.qq.com/s/g_tRwPSVFZwXR9Gmu4TerQ，2022-05-27．

产业企业的业务模式建立风控模型，实现了金融服务的降本增效。例如，存货融资曾因传统模式下库存监管困难、人工投入成本高、操作风险较大等问题，发展规模非常有限。但随着信息技术的广泛应用，库存系统可以监控库存信息，并在此基础上设置风控指标完善风控模型，解决了库存监管的难题。但是，本阶段信息技术对供应链金融业务的影响有限，所获取的数据较难穿透验真，贸易真实性较难保证，其中潜在的技术风险也逐渐成为供应链金融发展过程中无法忽视的新问题。

第三阶段，供应链金融科技发展阶段。在数字技术的赋能下，供应链金融的参与主体更加多元，并且逐渐形成跨区域、跨部门、跨链条的供应链生态圈，为链上企业提供更加多元、精准的金融服务。供应链金融系统逐渐数字化、智能化，能够将各参与方的信息数据进行有效整合，实现商流、物流、资金流和信息流的"四流合一"。大数据、区块链等数字技术的广泛应用，推动了供应链金融服务模式的创新。但是，此阶段也没有完全解决金融服务下沉的问题，处于产业链边缘的中小企业依然很难得到贷款，金融服务的范围主要集中在实力较强的核心企业及其周边的一些中小企业。

在我国供应链金融发展前期，贸易企业居多。贸易金融积累的经验使银行能够为贸易企业提供综合金融服务解决方案，因此银行在供应链金融发展前期占据主导地位。但随着供应链金融的持续发展，大量行业龙头企业、物流公司、互联网电商等也参与其中，形成了多种供应链金融模式，各模式都有各自的优点，所面临的问题也各有不同（见表4-2）。

表 4-2　典型的中国供应链金融模式

模式	特点	优缺点
商业银行模式	以核心企业的应收账款为节点，向上下游企业提供融资服务	·优点：具有稳定、低成本、大规模获取资金的能力；点多面广，服务范围广泛；是传统的贸易金融服务商，经验丰富、产品类别较多；能提供综合金融服务解决方案 ·缺点：传统模式下贸易背景真实性审核难度较大；存在风险传染问题；过度依赖产业链中的核心企业
行业龙头模式	龙头企业通过成立财务子公司等方式对其上下游客户进行融资	·优点：龙头企业深耕产业链积累了大量的行业经验及真实的交易关系数据，信息不对称性相对较弱，使其开展供应链金融服务的精准度和效率更高，成本更低；凭借多年的行业经验和资源，龙头企业对上下游企业的经营状况有充分的了解，进而有能力降低初期的风险定价和风控成本 ·缺点：易受所处行业周期波动的影响；易导致风险沿产业链传递；易发生道德风险，例如，部分核心企业利用其强势地位，故意拉长应付账款周期，又通过提供融资等方式进一步挤占中小企业利润空间
物流公司模式	依托物流环节获得的信息，为相关贸易企业提供融资支持	·优点：对产业的理解更深入，对上下游企业的把控程度更高 ·缺点：对产业链风险的把控程度低于行业龙头企业和商业银行；资金来源有限
互联网电商模式	以企业在互联网电商平台上积累的交易数据为基础来判断其信用状况；利用数字化技术打通特定区域、特定行业的数据渠道，通过自建或共建线上化平台监控风险、提供服务，并将企业融入电商平台，实现从产到销的全流	·优点：由于电商平台的交易属性，能够方便快速地获取整合供应链内部交易和资金流等核心信息，这成为电商平台切入供应链金融领域的最大优势；电商平台具有很强的科技化、信息化属性，在交易数据的价值挖掘上优于其他模式的主导企业；可基于交易行为和交易数据提供授信，能够创新产品服务（如无抵押贷款）、效率较高

续表

模式	特点	优缺点
互联网电商模式	程风险管理（不同于主要服务生态内已有商家上下游的电商生态金融1.0）	·缺点：未经过完整的行业和经济周期，风控能力有待检验；提供金融服务的资金充裕性和成本优势均不及银行；不适用产业链供应链较长、较为复杂的行业

资料来源：周景彤，李佩珈，吴丹．供应链金融发展的思路与策略［J］．中国金融，2022（5）：88。

供应链金融的出现，为中小微企业融资开辟了一个新的借贷途径，填补了中小企业年化融资成本8%~15%的空白，给予了中小企业全新的融资工具。[①]

供应链金融能降低中小企业的融资门槛和成本。一方面，由于供应链核心企业的信用介入，商业银行淡化了对授信主体的资质要求，转而注重贸易背景、物流、资金流等控制手段以及核心企业的信用参与。因此，很多无法达到银行传统评级授信要求的中小企业可以通过供应链金融服务获得融资。另一方面，在供应链成员单独向各家银行申请融资时，由于企业经营规模有限，与银行谈判时地位较低，融资成本往往较高。而在供应链金融"总对总"模式的融资安排中，核心企业与银行的谈判更对等，因此融资成本得以降低。对于银行等资金供给方而言，由于核心企业的隐性背书，降低了向中小企业放款的风险，进而降低了风控成本。

此外，供应链金融能够进一步增强产业竞争力，通过稳定核

[①] 高伟．中小企业供应链金融解决方案实践［J］．中国物流与采购，2017（24）：119．

心企业与上下游企业之间的购销关系，提升供应链体系内部的稳定性，推动产业高质量发展。20世纪80年代以来，供应链生产模式逐步取代纵向一体化，成为全球制造业的主流模式。在这种模式下，生产的分工从企业内部转向企业之间，促使过去"大而全"的企业专注培育核心竞争力，将非核心业务转向由外围中小企业承接，实现资源、要素和生产环节的优化配置。供应链金融强化了这种分工变化，促进大企业不断专注于核心竞争力，加快中小企业向"专精特新"发展，为产业的高质量发展提供有力支持。

（三）供应链金融的局限性

虽然供应链金融的模式众多，且各有优点，但综合来看，无论哪一种模式，在解决中小企业的融资难题上都存在以下三方面的局限性。

一是过度依赖核心企业对链上企业的确权意愿。核心企业作为市场的卖方或买方的主导者，始终处于强势地位，在无任何经济利益的背景下，主动确权或愿意确权完全出于一种社会责任。因此，如果核心企业不愿将自己的信用转移给上下游企业所有，或者不希望因为确权增加企业刚兑的限制，那么确权问题将会影响供应链金融服务的提供。中国地方金融研究院调查显示，中小微企业的确权成功概率约占拟申请确权的15%。

二是金融服务较难下沉。长期以来，供应链金融服务都围绕核心企业展开，因此其服务的对象往往都是一二级供应商。虽然供应链金融科技利用数字技术能够有效整合链上的数据信息，实现商流、物流、资金流和信息流的"四流合一"，在一定程度上扩展了服务范围，但是由于供应链金融并没有摆脱以核心企业为中心的模式，采集、整理、分析的数据依然集中在与核心企业关系较为密切的供应商，供应链边缘企业的数据依然较难采集，因此金融机构难以掌握整个产业链供应链的发展状况，供应链金融服务难以扩展至整个产业链供应链的企业。

三是核心企业有可能被异化成融资机构。供应链上的核心企业掌握着更多的市场主导权，中小微企业作为弱势方，为了争取合作机会只能接受相对而言较为苛刻的交易条件，长期被拖欠款项和资金会成为桎梏中小微企业发展的顽疾。我国中小企业在应收账款占用资金比例上居高不下，很多企业应收账款占流动资金的比重达50%以上，远高于发达国家的水平（20%）。中国人民银行研究局调查显示，我国中小企业应收账款延期支付天数（38天）远高于OECD国家的平均水平（10.79天）。对于中小企业来说，一旦账期过长、流动性被占用，经营就难以为继。

四、数字普惠金融

本部分研究的数字普惠金融主要是指基于消费互联网的数字普惠金融。未来随着产业互联网的发展，数字普惠金融的内涵会更加广阔，探索将更加多元。

（一）数字普惠金融的内涵

2005年，联合国在"国际小额信贷年"活动的宣传中，将普惠金融定义为能有效和全方位地为社会所有阶层和群体提供服务的金融体系，其初衷为通过金融基础设施的不断完善，增强金融服务的可得性，实现以较低成本向社会各界人士，尤其是欠发达地区和社会低收入者提供较为便捷的金融服务。此后，这一概念被联合国和世界银行大力推广。

2016年初，国务院发布的《推进普惠金融发展规划（2016—2020年）》中指出，普惠金融是指立足机会平等要求和商业可持续原则，以可负担的成本为有金融服务需求的社会各阶层和群体提供适当、有效的金融服务。小微企业、农民、城镇低收入人群、贫困人群和残疾人、老年人等特殊群体是当前我国普惠金融重点服务对象。在实践过程中，主要服务于个体经营者和金融科技平台上以消费为主的中小微企业，大多以服务业为主。

数字普惠金融在普惠金融发展的基础上衍生而来，是结合数字化技术发展的普惠金融。在2016年G20（二十国集团）杭州峰会上，数字普惠金融首次作为单独完整的概念被提起。《G20数字普惠金融高级原则》认为，数字普惠金融"泛指一切通过使用数字金融服务以促进普惠金融的行动"。

（二）数字普惠金融的措施与效果

我国高度重视普惠金融发展。继首个国家级普惠金融战略规划《推进普惠金融发展规划（2016—2020年）》颁布以来，我国金融服务覆盖率、可得性、满意度不断提升，在经济社会发展、助力打赢脱贫攻坚战、补齐民生领域短板等方面发挥了积极作用[1]；中国人民银行、中国银保监会等有关部门也在不断完善普

---

[1] 李延霞. 提高政策精准度有效性　我国普惠金融锚定高质量发展方向［EB/OL］. http://www.gov.cn/xinwen/2022-03/02/content_5676365.htm，2022-03-02.

惠金融政策体系，支持有序推进数字普惠金融发展。在消费互联网和移动支付领先发展的基础上，中国已成为引领全球数字普惠金融的国家，走在了全球的前列。银行金融机构也在积极运用数字技术降低金融风险，改变传统信贷模式，创新产品服务。

在降低金融风险方面，银行通过运用区块链、人工智能、大数据等数字技术建立了客户风险画像，提升了金融机构收集、分析和处理数据的能力，有效计算违约概率。同时，及时预警、动态监控风险较好地抑制了恶意逃废债情况，改善了整体信用环境，提高了防范化解金融风险的效率与质量。

在改变传统信贷模式方面，银行通过运用物联网、5G等数字技术，全面系统地捕捉和掌握小微市场主体的生产经营行为，并以此为基础进行风险管理创新，进一步摆脱仅依靠抵质押物和担保来发放贷款的模式，降低银企间的信息不对称，并为银行根据小微市场主体的经营特点开发满足其短、小、频、急资金需求的产品服务奠定了基础。

在创新产品服务模式方面，银行在新型风险管理方式的基础上，运用数字技术打造多样化普惠金融产品体系，拓展应用场景，在融资、保险、基金、票据、保函、供应链等方面，为小微经营主体提供全方位服务。此外，数字技术的创新应用丰富了普惠金融的参与主体，让商业银行和政策性银行一起发力，让国有大型金融机构和民营中小金融机构共同展业，让持牌金融机构与科技公司合作共赢，同时较好地发挥了政府部门和社会组织的作用，打造服务普惠金融发展的信息平台，实现信用信息互联互通互认。

（三）数字普惠金融的局限性

我国数字普惠金融虽然已经取得突破性增长，但在信贷额度、不良率、服务范围等方面依然存在一定局限性。

第一，数字普惠金融在单笔额度上存在不足。针对小微经营者的数字信贷在国内发展已超过10年，近年来我国普惠金融力度不断加大，2021年普惠型小微企业贷款余额已达到19.2万亿元，已初步解决了"有没有"的问题，但在单笔额度上，还未解决"够不够"的问题。企业信用贷款额度需要银行进行评级，一般为10万元到100万元不等，其额度无法满足企业的资金需求。网商银行2022年的调研数据显示，51%的小微商家期待更高额度。

第二，普惠型小微企业贷款不良率偏高。截至2022年4月末，全国普惠型小微企业的贷款不良余额达4 476.21亿元，不良率为2.18%，高于银行业各类贷款平均不良率0.36%。中国人民银行和中国银保监会首次发布的《中国小微企业金融服务报告（2018）》显示，截至2019年5月末，中国金融机构单户授信1 000万元以下的小微企业贷款不良率为5.9%，较大型企业高4.5%，较中型企业高3.3%。虽然近两年国家出台了各种优惠政策扶持中小微企业，使普惠型小微企业贷款的不良率有所下降，但依然高于平均不良率。出于对风险的考量，银行更愿意将资金借给规模相对更大、更优质、贷款金额更高的小企业，从而出现"垒小户"现象。

第三，在服务主体上存在局限性。一方面，数字普惠金融主要服务的还是"大C小B"类的客群，以个体经营者及小微企业居多；另一方面，由于在互联网消费时代大多为生活类场景，因此普惠金融主要惠及的还是消费服务业，对工业制造业的覆盖面较小，在服务主体上不能满足产业互联网时代的需求。

总的来说，通过此前对解决产业端金融供给痛点的探索，可以发现，各种方式都在一定程度上缓解了产业端金融供给不平衡不充分、中小微企业融资难融资贵的问题，但也存在各自的局限性。这些探索为数字时代的产业金融创新奠定了基础，尤其是传统供应链金融和数字普惠金融的创新实践，为银行等金融机构更好地利用数字技术、转变金融服务思维提供了启发。

尽管产融结合实现了金融资本与业务发展的良性循环，但其实践多以大中型企业和国有企业为主，并且会对实体企业的价值产生不利影响，有可能扩散和放大金融风险。投贷联动缓解了中小微科创型企业融资难题，但还存在机制问题。传统供应链金融为中小微企业融资开辟了新的借贷途径，降低了中小企业的融资门槛和成本，但链上中小企业过度依赖核心企业，自身主体信用的不足与缺乏抵押担保成为其发展掣肘。数字普惠金融改变了传统的信贷模式，但其更多体现的还是消费互联网阶段的特点，通过大数定律选择客户，且以消费服务业为主，尚未扩展至产业端。

随着新一轮科技革命和产业革命的浪潮席卷而来，产业端也发生了新的变化。中小企业数字化、绿色化的发展要求与趋势，更需要金融的支持。因此，金融机构也需要通过数字技术，不断创新服务模式，以系统性解决产业端中小微企业金融供给不平衡不充分问题，助力实体经济高质量发展。

解决产业端金融供给痛点历史探索的效果与局限性见表4-3。

表4-3 解决产业端金融供给痛点历史探索的效果与局限性

历史探索	效果	局限性
产融结合	提升资本利用效率，降低交易费用，实现金融资本与业务发展的良性循环，在较少的产融结合实践中起到了解决融资难题的作用	可能会对实体企业的价值产生一定影响；有可能扩散、放大金融风险；以大型企业为主，并未真正解决产业端中小企业的融资难题
投贷联动	提高中小微科创型企业直接融资比例，优化其融资结构，降低融资成本，一定程度上缓解中小微科创型企业的融资难题	风险隔离体系不够健全；风险补偿机制不够完善；风险评价和管理体系无法适应投贷联动的运作机制
传统供应链金融	为中小微企业融资开辟了一个新的借贷途径，降低中小企业融资门槛和成本，进一步增强产业竞争力，推动产业高质量发展	过度依赖核心企业对链上企业的确权意愿；金融服务较难下沉；核心企业有可能被异化成融资机构
数字普惠金融	改变传统信贷模式，创新产品服务模式，提升金融服务效率，降低金融风险	在单笔额度上存在不足；普惠型小微企业贷款不良率高企；服务"大C小B"，更大规模的中小企业覆盖少；主要应用于消费服务业，工业制造业应用少

第五章

产业数字金融的诞生

通过分析为缓解产业端金融供给难题、解决中小企业融资难融资贵问题的探索实践可以发现，信息不对称导致的金融服务风险成本变高，是目前产业链上中小微企业融资难融资贵等问题的根本原因。要解决信息不对称，其关键就在于充分发挥数字技术和数据要素的作用。通过对数字技术和数据要素的创新应用，金融机构能够揭示以往看不清、摸不透、信不过、管不住的底层资产，减小银企间信息不对称，改变传统的风险管理模式，从而系统性解决产业端金融供给不平衡不充分、中小企业融资难融资贵问题。

一、中小企业融资痛点的破解之道

（一）解决信息不对称问题是核心

在经济学研究中，完全信息是一条重要假设，是指作为理性人的市场参与者拥有全部信息，所做的决策是最优决策。而在实践中，由于认知的差异以及信息获取成本的存在，完全信息市场几乎不存在。在不完全信息市场下，信息在不同经济主体间分布不均匀，拥有信息优势的经济主体可能会基于目标利益和效用为自身谋利。

孙雪峰在其《供应链金融：信用赋能未来》[①]一书中提出，中小企业融资难融资贵，可以更准确地理解为优秀或有潜力的中小企业面临的融资难融资贵问题。优秀或有潜力的中小企业无法向金融机构证明自身的潜力和价值，同时金融机构在没有足够数据支持的情况下也无法了解企业的潜力和价值。此时，金融机构为规避风险，不贷款给中小企业就成为最优选项。但若能通过某种手段，减少金融机构和中小企业之间的信息不对称，那么金融机构就能有效识别并防控风险，从而能在风险可控的前提下放贷给中小企业，解决中小企业的融资难题。随着科技的进步，这种设想成为可能。

（二）数字技术和数据要素是产业金融发展的基础

万物互联的大数据为破解信息不对称问题提供了优质原材料。随着新一代信息技术的发展，互联网行业正在发生变革，从移动互联向万物互联转变，同时也从消费互联向产业互联转变。在互联网消费金融时代，以单一互联网技术为基础而产生的数据单维、主观，且易被篡改；而在产业互联网时代，产生的数据既实时、客观、多元，又可靠不可篡改。万物互联的大数据具备"五全信息"的特点和较强的产业金融属性，为破解信息不对称问题提供了优质的原材料。

各种数字技术的创新应用可成为破解信息不对称问题的途径

---

① 孙雪峰.供应链金融：信用赋能未来［M］.北京：机械工业出版社，2020.

和方法。数字化技术有助于金融服务扩大规模，改善服务体验，提高服务效率，同时降低成本并控制风险。数字化技术除了优化、升级、创新风控及服务模式，也为数字经济打造了一个完整的"数据生态"，从而推动产业金融向全新阶段发展。

不同的数字化技术，如5G、大数据、人工智能、云计算、区块链、物联网等的特点各不相同，对产业金融的影响各异，但在实现金融服务的公平性与普惠性覆盖，提供差异化金融服务与多元化贷款服务，揭示以往摸不清、看不透、信不过、管不住的企业底层资产等方面都能发挥巨大作用，有助于缓解产业端金融供给不平衡不充分、中小企业融资难融资贵问题。

5G技术具有大带宽高速率、低时延高可靠和海量连接的特征，其与金融业的深度融合能够全方位推动金融业向数字化、网络化、智能化转型升级，进而推动产业金融高质量发展。"5G+物联网"可以确保数据采集的真实性，为风险评估和定价提供有效支撑。

大数据技术能够突破时间、空间和信息不对称的限制，是商业银行变革风险管理模式的重要手段。大数据技术有利于资金供需双方实现有效对接，有助于中小企业融资实现提速增效。大数据与供应链结合，能使供应链关系更紧密、信息更对称、风险更可控。区块链技术和大数据技术可以为产业发展和金融系统完善提供重要技术支撑。区块链技术可以解决交易双方或多方互信的核心问题，大数据技术可以辅助提升全过程风险管理的精准度和效率，二者相互优化、同步进化，共同服务中小企业融资。

人工智能技术在风险监测、测量和管理，解决信息不对称问题，通过智能机器人提供客户支持和服务，以及欺诈检测和网络安全等相关领域对产业金融产生影响。其中，机器学习和神经网络等人工智能方法不仅能够提升商业银行信用风险评估模型的准确性、优化小微企业贷款决策、降低贷款成本、促进商业银行业务创新，还能够进一步完善数字服务方式，持续改善企业的借贷服务。

云计算技术具有资源池化、快速弹性等特点，将银行结算服务渠道融入中小企业单个客户和集群客户的资金管理和交易网络内，掌握中小企业交易行为数据，实现商业银行中小企业金融业务批量式开发。云计算的分布式处理模式，能够缩短数据处理的时间，提高普惠金融融资贷款效率。

区块链技术以可信数据为基础，通过去中心化的多方验证且不可篡改，可以较好地进行数据确权和数据共享，推动物流、商流、信息流和资金流的"四流合一"，为传统供应链金融需要的贷款监管和违约惩罚提供技术支持，能有效地解决中小企业融资问题，提升金融服务实体经济的能力。具体表现在以下五个方面。一是区块链技术能够突破现有以核心企业为主体的供应链金融发展模式，通过解决链上企业信息真实性问题和透明度不足的问题，将三、四级乃至无穷级中小企业纳入其中，实现金融服务下沉。二是区块链技术利用点对点传输、分布式账本和智能合约技术打破供应链末端"信息孤岛"，建立主体信息互通渠道，协助银行抵御市场风险，增强供应链产业链的稳定性。三是金融机构依托区块链技术可以更加精确地了解贷款企业的经营信息，有更大概率核验抵押品的真实性；同时，上链信息质量的提升，也意味着供应链上的企业彼此之间信息共享更加充分，信息核验的协同性更强，可以缓解融资难的问题。四是金融机构能够利用区块链技术建立分布式验证和记录企业身份及资产所有权的机制，在保障企业数据信息真实可信的前提下,实现对其快速的连接和调用,更加高效地为企业提供服务。五是基于区块链技术,通过抵押品上链的方式可以提升银行贷后管理效率。

物联网技术通过为银行业金融机构搭建更加客观、可追溯、智能化的服务平台,帮助银行在发展过程中对产业金融业务进行优化。物联网技术能够多维度、真实地反映个人及企业的自然属性和行为属性,满足信用需求多样化的要求,重构社会信用体系,解决信息不对称难题。在风险管理领域,物联网技术能够实现对动产全流程、全环节的实时监控,从而赋予动产以不动产的属性,降低动产质押风险,助推商业银行将服务向长尾领域延伸。通过物联网技术实时的信息反馈、全面的信息收集、智能的客户管理功能,商业银行在信息收集、信用评级、交易维护上的成本将大幅降低,从而释放更多利润。

二、产业数字金融

(一)产业金融

要解决产业端金融供给的痛点,关键是充分发挥数字技术和数据要素的作用,解决银企间信息不对称这一核心问题,并在此基础上实现对产业金融的有效赋能。

产业金融在国内外尚未形成统一的概念。欧美国家对产业金融的界定是具有垄断性资本的结合,其中金融资本是产业金融的具体表现形式。奥地利经济学家鲁道夫·希法亭指出,从银行的角度来看,资本被放置在产业中,产业产生利润的同时也是金融资本产生的过程。国内对产业金融的研究主要是从20世纪90年代后期才开始的。纪敏等人[①]指出，从丰富的实践活动看，可将产业金融概括为依托并促进特定产业发展的金融活动总称。马英俊[②]指出，产业金融可从狭义和广义两个层面来理解。其中，狭义的产业金融是在特定的产业政策下，依托并服务于特定产业发展的金融活动的总称；广义的产业金融是相对于金融产业（如银行、证券、保险、信托等）而言的，是产业在其不同的发展阶段对金融的需求。黄奇帆[③]表示，产业金融在我国是以银行业为代表的传统金融机构专注于服务B端（企业用户商家）产业链企业的重要金融服务形式。

对于如何发展产业金融，刘世锦[④]认为，金融发展的重点是产业的发展，把服务产业作为产业金融发展的核心，一切金融活动的变革与创新都要以有利于产业的升级和发展为出发点和落脚点，同时把产业发展的潜力作为判别金融改革创新是否成功的主要标准。林毅夫等人[⑤]以制造业为例，分析了金融结构与制造业规模结构之间的关系，探讨了传统企业也可以与金融业存在紧密的相互关系。冯小芩[⑥]认为金融业平均利润较高，这使追求利润

---

① 纪敏，刘宏.关于产业金融的初步研究——兼论我国财务公司改革的一种思路［J］.金融研究，2000（8）：115.
② 马英俊.产业金融理论与对策研究［D］.上海：上海社会科学院，2007：115.
③ 黄奇帆.黄奇帆：产业数字金融是未来经济稳定增长的新引擎［EB/OL］.http://www.100ec.cn/index/detail--6624602.html，2023-03-01.
④ 刘世锦.为产业升级和发展创造有利的金融环境［J］.上海金融，1996（4）：3-4.
⑤ 林毅夫，章奇，刘明兴.金融结构与经济增长：以制造业为例［J］.世界经济，2003（1）：3-20.
⑥ 冯小芩.产业资本向金融资本渗透的机理和条件分析——基于内部化理论视角和海尔集团的实证研究［J］.经济师，2009（9）：13-14.

最大化的产业流向金融业，必然出现产业资本向金融业渗透的现象，产生跨行业协同效应，因而企业实力与规模能快速提升的有效途径是产融结合，这也是产业金融发展的主要原因。钱志新[①]对产业金融的概念、原理、运作模式等进行了全面系统的理论论述，他认为产业金融是以产业为基础的，充分发挥金融业务对产业的资金融通、资源整合、价值增值等方面支持作用的，实现产业和金融之间相互融合的一种新的金融形态。他认为产业金融的实现路径可分为三个阶段：一是前期的资金融通，通过资源的资本化解决资金的融通；二是中期的资源整合，运用融通资金培育核心能力，通过核心能力整合社会资源；三是后期的价值增值，在整合资源的基础上创造价值，通过资本运作放大价值。王吉发等人[②]表示，产业与金融的融合发展是一个动态过程。在既定产业结构下，两者在市场环境中相互联系，从而为金融体系创造出一种新型营运方式，虽然在金融规章制度的规范下，产业与金融的融合仍旧没有既定规律和形式可以遵循。

（二）银行产业金融服务

当前，尽管我国已经建立各个层次的资本市场体系，但银行业依然是产业端金融服务的主要供给方，对实体经济融资意义重大。鉴于此，可以重点从银行的角度来分析如何解决我国产业端金融供给不平衡不充分的问题，从中找出能有效解决该问题的方案和路径，对推动中国经济高质量发展具有重要意义。

---

① 钱志新.产业金融：医治金融危机的最佳良药［M］.南京：江苏人民出版社，2010.
② 王吉发，张翠.产业金融的研究综述及展望［J］.中国商论.2015（1）：77–79.

银行产业金融服务发展经历了三个阶段。第一，产业金融 1.0 阶段，即传统银行的公司业务模式，通常表现为点对点地服务具备较强主体信用的企业，且以有政府背景或政府背书的企业为主。第二，产业金融 2.0 阶段，即以核心企业为中心，依托核心企业的主体信用，通过核心企业的担保、确权、增信，使金融服务延伸到与核心企业有供需关系的上下游企业，形成传统供应链金融模式。第三，当前，第四次工业革命迈入产业互联网时代，产业金融创新也迎来了产业数字金融 3.0 阶段，即服务产业链上的所有企业，实现全产业链封闭场景中交易的数字化、透明化、可控化。

1. 产业金融 1.0：传统银行的公司业务模式

在产业金融 1.0 阶段的模式下，商业银行根据客户的信贷需求，按照规定的程序和要求对客户进行调查和审查，并最终确定授予客户一定的融资额度。在这种传统金融服务阶段，数据较为匮乏且分散，业务流程多集中于线下，且一般通过人工授信。因此，受人力物力的限制，该模式只点对点地服务具备较强主体信用的企业。

公司业务模式的优势在于商业银行有充足且低成本的资金供给能力，且银行点多面广，服务范围广泛。同时，由于企业具有较强的主体信用，且商业银行拥有丰富且成熟的风控经验，该模式风险较低。

产业金融 1.0 阶段也存在一些弊端与不足。一是只服务单一机构，服务范围非常有限。在公司业务模式下，每一个企业都是一个"数据孤岛"，商业银行较难有深度的上下游验证手段和贷款资金流向掌控能力，因而会有企业伪造订单、交易骗贷等问题出现。二是由于商业银行风控手段较为传统，在互联网、大数据和金融科技等新背景下，其业务特别是传统的线下业务存在审批流程相对较长和态度较为保守等特点。

2. 产业金融 2.0：传统供应链金融模式

在传统供应链金融模式下，金融机构服务产业链核心企业，核心企业为上下游核心供应商企业提供担保、确权、增信等服务。由企业管理供应链运营，把握其上下游中小微企业的状况，并提出金融服务的对象和要求，商业银行参与评估，并直接提供流动性。

与产业金融 1.0 阶段相比，产业金融 2.0 阶段的供应链金融进入信息化阶段，银行业务流程逐步线上化，"1+N"服务产业链核心企业和其确权增信的上下游供应商企业，并逐渐开启大数据风控。同时，由于推进的主体是产业中的企业，它们比银行更了解产业的特质，且因为直接参与运营，尤其是参与供应链的组织和上下游的管理，因此更了解产业链上中小微企业的状况，能够针对性地与金融机构合作，将合适的资金、在合适的时间、以合适的成本，提供给合适的对象，因而金融与产业的结合更趋紧密。

但产业金融 2.0 阶段的供应链金融模式在服务中小微企业上依然存在弊端与不足。

首先，供应链金融模式依赖核心企业的确权增信、担保抵押，部分银行等金融机构甚至在风控方面失去了主动权。具体来说有以下四点。一是看不清，产业链错综复杂：实体产业链结构复杂、风险敞口大，银行缺乏垂直行业细分的经验和能力，无法深入提供金融服务。二是摸不透，底层资产不透明：缺乏技术手段获取实时一手数据和有效的风险预警能力,缺乏监控底层资产的能力。三是不信任,主体信用不足:除行业龙头企业外,绝大部分实体企业主体信用不足,缺乏必要的抵押物,主体信用模式下无法获得金融服务。四是管不住,管理能力有限:无法实现数字化的金融过程管理,全流程的资金和风控闭环难以形成。同时产业金融2.0阶段的数据质量参差不齐,风险难以全面把控,服务不平衡不充分问题依然存在。

其次,产业金融2.0阶段的供应链运营和金融活动是由产业链上的核心企业来推动和管理的,其服务的对象往往是其直接上下游合作伙伴,这是一种链条化的供应链金融,无法聚合更加广泛的供应链参与者,特别是同行业的融合合作(链和链的合作)无法有效实现。部分核心企业甚至利用自身主体信用优势赚取息差,间接提高了链上中小微企业的融资成本。同时,除核心企业外,供应链上还有一些准大型企业和中型企业,这些企业在行业中也具有一定的竞争力,但是它们缺乏足够的资源和能力构建供应链服务体系,很难与金融机构合作,为它们的上下游企业提供金融服务。

3. 产业金融3.0:产业数字金融模式

随着产业数字化的深入,金融服务产业的方式也在改变。产业金融3.0阶段的产业数字金融模式是在数字技术的赋能下,围绕数据要素的转化,释放数据生产力;通过产业链上"四流"(商流、物流、资金流、信息流)数据的交叉验证,实现对中小企业的增信;通过重塑银行业务全流程,实现全产业链封闭场景中交易的数字化、透明化、可控化;通过构建"主体信用+交易信用"相结合的数字风控模式，全面且实时地管理风险。

产业数字金融最大的特点是金融服务的公平性和普惠性。在产业数字金融模式下，金融机构能够服务产业链上所有的企业，这些企业无论大小、无论是否与核心企业建立了供应关系，均可平等地获得优质的金融服务。这一变化将极大地提升我国产业金融的整体价值，惠及千千万万产业链上的实体企业，为产业链带来充沛的资金和发展活力。

（三）什么是产业数字金融

1. 对产业数字金融的不同理解

目前，各方已开始探索如何利用数字技术赋能产业金融发展，在这个过程中，专家学者提出了产业数字金融的概念并对其进行了研究。

早在 2015 年，邵平就提出产业领域的物联网金融服务是未来的大趋势，并分析了物联网技术对产业金融发展的影响。[1] 随着数字技术的不断发展，邵平认为以物联网、区块链为代表的智慧科技进入井喷期，催生了数据 2.0 时代的到来，[2] 为产业数字金融的诞生奠定了基础。2020 年，邵平对产业数字金融进行了较为系统的研究和阐述，认为产业数字金融是数字经济催生的全新金融形态，即在智慧科技的赋能下，实现产业链上去中心化的全新金融服务模式，其最大的特点是金融服务的公平性和普惠性；[3] 要真正实现各方认可的产业数字金融，须做好四个方面关

---

[1] 邵平. 物联网金融与银行发展[J]. 中国金融，2015（18）：16–18.
[2] 邵平. 数字生态圈是数据信任机制的重构[J]. 中国金融，2020（4）：30.
[3] 邵平. 产业金融数字化的新机遇[J]. 中国金融，2020（8）：58–59.

键课题的创新突破，分别是创新实现对企业实体资产数字化的能力突破，创新实现对产业链贸易（交易）场景的数字化能力突破，优化升级和探索完善金融机构产业金融传统风控理念和结构，探索完善我国产业金融科技创新监管之路。[①] 产业数字金融所运用的金融科技与消费互联网时代的金融科技在数据基础、所提供的数据服务、对金融业的价值等方面存在根本性的不同，能够为银行等金融机构赋能显著降低产业链获得金融服务的成本，惠及实体产业发展。[②] 2022 年，邵平对交易信用的内涵和定义进行了系统分析，提出了与产业数字金融模式相匹配的"主体信用+交易信用"智能风控体系。[③] 2023 年，邵平提出产业数字金融是商业银行服务实体经济的革命性创新，并对产业数字金融的发展历程、运作逻辑和价值进行了系统阐述。[④]

张健华[⑤]认为，产业数字金融发展将经过四个层次的演进，依次是积累数字资产、挖掘数字价值、创造数字信用、形成数字担保。但目前商业银行在推进产业数字金融发展的过程中主要面临三个关键问题：一是如何获取并积累数据资源；二是如何运用数据资源；三是如何将数据资源的运用转化为经济效益，也就是实

[①] 邵平.产业金融数字化助力"双循环"[J].中国金融，2020（1）：100–101.

[②] 邵平.产业互联网时代的金融科技[J].中国金融，2021（5）：89–90.

[③] 邵平.邵平：数字经济时代产业金融风险管理创新[EB/OL].https://new.qq.com/rain/a/20220130A09DVA00，2022–01–27.

[④] 邵平.产业数字金融：商业银行服务实体经济的革命性创新[EB/OL].https://mp.weixin.qq.com/s/Rr4OMIzQis0w9qLMWHw1IQ，2023–06–05.

[⑤] 张健华.张健华：拥抱产业数字金融时代[EB/OL].http://shh.cbimc.cn/2021-05-31-content_395999.htm，2021–05–31.

现商业化。同时，关文杰[①]也认为，产业数字金融以数字信息为基础，应用数字化技术，以整个供应链的整体价值为依托形成数字担保，为链上所有企业提供不依赖核心企业的去中心化金融服务。

2022年1月，中国银保监会发布的《关于银行业保险业数字化转型的指导意见》明确提出"积极发展产业数字金融"，强调积极支持国家重大区域战略、战略性新兴产业、先进制造业和新型基础设施建设，打造数字化的产业金融服务平台，围绕重大项目、重点企业和重要产业链，加强场景聚合、生态对接，实现一站式金融服务。对此，高峰[②]认为产业数字金融是当前银行业数字化转型的重点方向，也是银行数字化转型新动能；产业发展与数字技术、数字金融的融合更加紧密，对金融服务提出了更高要求，产业数字金融势在必行。

百信银行联合安永咨询公司等多方共同编写的《产业数字金融研究报告（2021）》将产业数字金融定义为以产业互联网为依托、数据为生产要素、数据信用为核心特征的一种新型金融形态，即新的技术运用在金融领域，与产业数字化相结合，孕育出产业链金融、物联网金融、绿色金融等新模式、新业态。

杨农[③]认同《产业数字金融研究报告（2021）》中的观点，并对产业数字金融做了进一步阐述。他认为，产业数字金融包含三个市场。一是产业市场，这是实业家、企业家普遍熟悉的市

---

① 关文杰.产业数字金融的数字化与生态化［J］.银行家，2021（2）：45.
② 高峰.高峰：产业数字金融是当前银行数字化转型新动能［EB/OL］.https://baijiahao.baidu.com/s?id=1740774134860592941&wfr=spider&for=pc，2022-08-10.
③ 杨农.杨农：产业数字金融大有可为［EB/OL］.https://baijiahao.baidu.com/s?id=1739672915862991543&wfr=spider&for=pc，2022-07-29.

场，重视产品、研发、设计、产业链和供应链等。二是金融市场，主要是为整个产业链在前期资金融通、中期资源整合、后期价值增值等方面提供综合金融解决方案。三是数字市场，运用大数据、区块链、物联网等金融科技手段，整合产业链上的物流、资金流、信息流、商流等信息，增强交易背景的真实性与资金流动的透明度，提高融资便利性与风控水平。

张震冬[1]建议，商业银行发展产业数字金融，首先提升科技能力，探索前沿技术。通过搭建数字化产业金融平台和开放银行不断提升线上化和数字化水平。其次聚焦重点行业，打造数据生态。不同产业链所产生的数据，以及同一产业链中不同的角色间产生的数据均存在明显差异，因此商业银行需要准确捕捉到这些差异，逐步打造行业数据生态。最后融入产业生态，实现银企共赢。对此，可以通过渗透生产经营、实现数据共享、建立科学模型和开展交叉营销等方式来实现。

黄奇帆等人[2]认为，产业数字金融是在数字经济时代的背景下，我国现代金融在服务产业需求端全新的发展方向，是智慧科技成果在金融领域应用空间最广泛、潜在价值最丰富的领域。产业数字金融作为产业与金融的完美结合，能有效降低产业链上各类民营、中小企业的融资成本，真正助力实体企业降本增效，提升企业生产活力，实现金融回归服务实体经济的本源与初心。

此外，除了产业数字金融，智能化供应链金融 4.0 阶段同样是通过数字技术来探索产业链供应链金融的发展，也值得关注。

---

[1] 张震冬.商业银行数字化供应链金融发展路径研究[J].北方金融，2022（7）：24–25.

[2] 黄奇帆，朱岩，邵平.数字经济：内涵与路径[M].北京：中信出版社，2022.

鲸准研究院提出，供应链金融进入智能化 4.0 阶段，业务模式趋向实时、定制、小额化，数据质押微创新产品模式，借助人工智能、区块链等技术实现了信息全集成与共享。在商业模式上，智能化供应链金融 4.0 阶段高度渗透细分行业领域，各个运营环节定制化、实时化、去中心化，其主要应用技术也是物联网、云计算、区块链数据质押等。

以上观点各有侧重，有的强调传统模式下对技术的应用而较少提及风控理念的创新，有的既重视技术又重视风控理念的创新，但对产业数字金融的风控体系又有不同的主张。但无论如何，它们的共同点都是基于数字技术、大数据，特别是基于产业互联网的发展，来探索更高效的产业金融方式，以破解产业端金融供给的痛点。

2. 产业数字金融的内涵

产业数字金融是对传统供应链金融的继承和发展，也是对传统供应链金融的超越。在第四次科技革命和数字经济发展的大背景下，产业数字金融依托物联网、区块链、人工智能和大数据等技术和产业链上下游相关数据要素，能够实现链上信息全透明、全上链，从而实现产业链上的资产情况全穿透，并实时追踪一手风控数据，对潜在风险进行实时监控、提前预警，能够破解一直以来金融机构对产业企业交易背景和底层资产看不清、摸不透、管不住、信不过的痛点，显著降低金融服务的风险成本，未来有望与消费金融领域一样，帮助众多中小企业获得普惠金融服务，从而破解中小微企业融资难融资贵难题。

传统供应链金融服务与产业数字金融服务在服务对象与范

围、核心原理、风控特点、技术应用、对金融机构的价值、对实体经济的效应方面的对比见表5-1。

表5-1 传统供应链金融服务与产业数字金融服务对比

	传统供应链金融（交易银行）服务	产业数字金融服务
服务对象与范围	供应链核心企业上下游的重要企业（主要为"N+1"或"N+2"层级企业），产业链部分客户	全产业链客户
核心原理	核心企业确权担保	数字技术增信："四流合一"多维数据交叉验真、全流程交易风险管控
	主体信用：核心企业的主体信用传导	"主体信用+交易信用"：上下游企业的主体信用验真+交易信用构建
风控特点	以人工审批判断为主，依赖专家经验，主要审核财务数据	以基于数据分析，结合算法、模型定阈值的策略为主，充分揭示交易信用，并对主体信用形成补充
	贷后风险管理手段单一，依赖人工回访检查；重授信，轻用信	深入交易链全场景化，贷前数据穿透，贷中智能评估，贷后实时预警；既重授信，又重用信
	多基于历史数据，采用基本统计的汇总方法，具有相对滞后性、低频性、时点性、粗颗粒度	数据更新较为及时，采用精准计量的多维分析，更具有实时性、高频性、连续性、细颗粒度，潜在风险的实时监控提前预警
技术应用	简单数据接入，财务指标分析，行业信息搜索等	大数据分析、人工智能、区块链、云计算、物联网等前沿技术综合应用，更好地监测账款真实性、货物权益等
	依赖人力调查、走访、收集线下资料，逐一审核	识别客户交易画像，实现风险事件实时预警，物流异常轨迹分析，货值实时盯市，交易数据波动分析等
对金融机构的价值	基础客户少量增加	基础客户大量增加，结算性存款数量增加、资金成本降低
对实体经济的效应	满足供应链核心企业及重点上下游企业的融资需求	有效支持实体经济产业链供应链现代化发展，产业链数字化转型提升，切实为实体经济带来降本增效

第六章

产业数字金融的意义与价值

产业数字金融是在数字时代的背景下，我国现代金融在服务产业需求端的全新发展方向，是数字技术成果在金融领域应用空间最广泛、潜在价值最丰富的领域。产业数字金融能系统性解决产业链供应链上中小企业融资难融资贵问题，持续优化市场主体的资产负债结构，助力金融机构和中小企业数字化转型，并在此基础上推动生态联结、价值共生的新型银企关系的形成；产业数字金融模式的广泛应用也为数字时代商业信用体系建设提供了新的路径和抓手，有效控制系统性金融风险，提升监管机构科技监管能力；产业数字金融体现了金融回归服务实体经济的本源与初心，对进一步推进金融供给侧结构性改革、服务构建"双循环"新发展格局、助力经济高质量发展都具有重要意义。

一、系统性解决中小企业融资难融资贵问题，持续优化市场主体的资产负债结构

产业数字金融能在较大程度上化解产业端金融端信息不对称问题，使金融机构"走进产业看产业"，提升其对特定产业的风

控能力和服务能力,从而更高效地发挥其资源配置的功能。数字化技术的集成应用,使金融能够挖掘原本无法或很难获得的生产、交易等信息,不仅提升了信息的丰富性和实时性,还强化了信息的准确性和真实性,从而能在更大程度上缓解信息不对称问题。在此基础上,金融机构还可以与包括产业链上各类企业和科技公司在内的生态各方一起,创造性地揭示传统风控技术所无法揭示或掌控的风险,挖掘一直以来被掩盖的价值,全面提升金融的风险管理能力,实现对产业链上企业资产(特别是中小企业资产)看得清、摸得透、信得过、管得住,打破传统价值链单点、产业端单企的低效服务模式,下沉金融服务,实现对公金融业务的批量化、规模化发展,从而系统性解决中小企业融资难融资贵问题。例如,某城市商业银行在钢铁产业链上采用产业数字金融模式后,授信额度较之前增长了250%,融资成本较传统渠道降低了20%~30%,链上更多的中小企业获得了金融服务。

产业数字金融能够持续优化市场主体的资产负债结构,形成金融服务实体经济高质量发展的正向循环。首先,产业数字金融能够通过资产数字化等手段,以特定数据流作为基础资产,通过资产证券化等方式将应收账款、信贷、仓单等资产流转到资本市场,进一步提高资金运行管理效率,释放更多信贷额度以加大对实体产业的资金供给,形成金融与产业发展的正向循环。其次,产业数字金融能够通过数字化的链接、穿透、赋能,联动商业银行及投资机构等生态相关方,设计、制定投贷联动风险隔离、评估、管理机制,为中小微企业尤其是"专精特新"企业提供包括对公金融服务和财务管理、生产经营咨询等在内的全生命周期综合性服务，实现企业资产负债结构优化和价值持续提升，形成金融服务实体经济高质量发展的正向循环。

从宏观角度看，我国实体企业应收、应付账款和存量固定资产总额超 100 万亿元，如果通过在全社会大力发展产业数字金融，则每降低企业 1% 的融资利率，就能为实体企业释放总量超过 1 万亿元的融资成本。这种效果在社会融资成本较高的民营中小微企业中将更加显著。通过改变融资模式，可以为实体经济带来数万亿元规模的成本减负。

二、助力金融机构数字化转型，提升金融机构的市场竞争力

进入产业互联网阶段，金融机构数字化转型的重要方向就是对公业务的数字化转型，产业数字金融是对公业务数字化转型的关键抓手，能够改变金融机构经营服务模式，全面提升金融服务实体经济的质效。

第一，业务场景化和资产数字化能够实现对企业底层资产的穿透，做好数据全生命周期的管理，帮助金融机构真正看懂、看透场景，识别、发现有价值场景。

第二，"主体信用＋交易信用"更完备的风控体系和贯穿贷前、贷中、贷后的全流程风控模式，能够提升风控核心能力，进一步扩展对公业务的服务空间和提升服务质效。

第三，经营服务生态化能够帮助金融机构推动场景化金融建设，打造开放平台体系，实现对公业务的批量化、规模化、生态化发展。

第四，以产业数字金融模式为抓手，推进对公业务的数字化

转型，能帮助金融机构降低成本。打造资金闭环，带来低成本结算资金沉淀，降低金融机构资金成本；对风险的全面控制，能够全面减少风险拨备和风险资本消耗，降低风险成本；对投入资金的有效、实时、自动监控能够降低运营成本。在此基础上，金融机构的净资产收益率（ROE）和资产收益率（ROA）会得到全面提升。

第五，目前商业银行的产业端金融服务同质化现象比较严重，在数字化转型的背景下，中小银行受大型银行和平台金融科技公司服务下沉的双重挤压，生存压力较大。因此，以产业数字金融为抓手，通过数字化转型转出服务特定产业链的能力并形成差异化优势就变得更加重要。

三、加快中小企业数字化转型

产业数字金融能加速各实体产业的数字化转型，提高企业转型的积极性。企业数字化转型在软硬件上都可能有巨大的成本投入，处在较大经营压力下的民营中小微企业往往难以承受。通过产业数字金融模式的实施，企业的数字化改造不仅为自身带来业务上的转型升级，还可以通过提供可信数据，使企业的金融需求得到更好的满足，可谓一举两得。尤其对中小企业而言，数字化转型成本较高，且对于其原本的灵活经营会起到规范化、标准化的作用，因此中小企业数字化转型的动力不足。但产业数字金融模式给予了中小企业数字化转型的实际动力。

以产业数字金融助力中小企业数字化转型，一方面能够提升整个产业链的数字化、智能化程度，有利于稳链、固链、强链；

另一方面能够进一步加强企业与金融机构的对接，扩展金融机构服务范围，最终实现双方共赢。

四、推动生态联结、价值共生的新型银企关系的形成

在金融服务的过程中，金融机构主要通过与企业之间的合作获取企业数据信息，并在此基础上根据企业的需求以及数据信息的广度和深度提供金融服务。在数字时代之前，由于金融机构缺乏获取企业发展内部信息的必要手段，而企业也无从得知银行业务的具体运行情况，因此银行的金融服务基本是由银行内部独立完成的[①]，服务的种类和范围都比较有限。

在数字时代以后，尤其是在产业数字金融模式下，数字技术的创新集成应用促使金融机构和企业的数据信息外部化、共享化。金融机构能够利用物联网、大数据、人工智能等技术直接采集企业生产经营的一手数据信息，使企业的生产经营状况实时、动态、准确地反馈给金融机构。同时，企业的数字化转型也使企业与金融机构建立信息传输和有效处理的机制，形成数字化反馈闭环，参与金融机构产品服务的设计和决策，帮助金融机构更好地捕捉企业融资需求的痛点和难点、优化风控模型，推出具有创新性、精准性、定制化特征的产品服务。在此基础上，金融机构与企业之间的业务及流程边界逐渐模糊，二者通过数字技术和数据要素参与和渗透相关流程环节，有限的业务联结转向无限的生

---

① 陈道富.陈道富：银企关系正在发生一个根本性的变化［EB/OL］. https://baijiahao.baidu.com/s?id=1719356829961123227&wfr=spider&for=pc，2021-12-17.

态联结。与此同时，数据要素具有在分享融合中创造价值的特殊属性。随着数字经济的不断发展，金融机构与企业数据信息的外部化、共享化程度会越来越高，二者之间的生态联结范围会更加广泛、联结程度会更深，协同创造的价值将更大，金融机构与企业会逐渐形成同频共振、彼此赋能的价值共同体。由此，银企关系从有限联结、相对独立的关系逐渐转变为生态联结、价值共生的新型关系。

五、为数字时代商业信用体系建设提供了新的路径和抓手

信用是市场经济的基石，企业的商业信用是社会信用体系的重要组成部分，特别是在解决中小微企业融资难融资贵的问题上，其价值更加突出。近年来，我国在加快推进商业信用体系建设方面取得了一定的成绩，但我国商业信用的水平和质量与当前社会经济发展的需求之间还存在一定的距离。商业信用水平和质量的进一步提高，对疏通金融血脉、系统性解决中小微企业融资问题，都将产生关键的作用。

由于中小微企业缺乏切实可行的抵押资产、担保主体、社会评级，以及完整可信的赖以判断其主体信用的"三张报表"，因此在银行传统授信模式中难以获得融资。而在产业数字金融模式中，对上下游"四流"整合分析而形成的商业信用，可对中小微企业的运营状况和盈利前景进行精准的判断，从而解决中小微企业的授信问题。与此同时，资产的数字化为企业建立了动态、完整、真实和可信的信息披露机制，在一定程度上解决了中小微企业无信用记录、信息不对称等问题。

"四流"数据以及数字化的资产，均是构建数字时代商业信用体系的重要基础，而产业数字金融模式则为商业信用体系的建设提供了新的路径和抓手。

六、有效控制系统性金融风险，提升监管机构科技监管能力

产业数字金融是有效控制系统性金融风险的重要途径。产业数字金融的本质是通过数字技术的赋能使虚假贸易背景、虚假交易过程、虚假资金往来、虚假账户管理、虚假数据等传统金融风险点无处遁藏。与此同时，通过对服务整条产业链上下游所沉淀的历史数据进行分析建模，也能够对产业链供应链层面的风险进行有效预测。因此，产业数字金融能够最大限度地暴露并预警当前金融系统中各类潜在的风险，对有效控制系统性金融风险具有积极意义。[①]

产业数字金融与监管科技协同发展，升级传统监管模式，提升监管机构科技监管能力。我国传统的监管模式是"先发展后规范"的被动型监管。但随着数字技术的不断发展，数据要素的高效流转、分享和创造打破了产业金融创新发展的时空界限，导致监管机构与被监管主体之间信息与技术不对等问题更加严重。监管机构无法实时、准确地追踪金融机构的实际运行状况，往往只能根据被监管机构上报的数据信息以及相关监管指标进行粗略检查。而且，随着产业金融与科技的融合程度不断加深，产业金融

---

① 黄奇帆.黄奇帆：产业数字金融是未来经济稳定增长的新引擎［EB/OL］. http://www.100ec.cn/index/detail--6624602.html，2023-03-01.

价值链不断细化和开放化，包括科技企业在内的不同主体都可以充分参与到产业金融价值链中，共同创造价值。在这个过程中，一直以来被动的、以单一机构为全面承担整个业务流程风险主体的监管模式逐渐变得不再适用。

随着监管科技的不断发展，监管机构可以通过大数据、人工智能等数字技术从金融机构实时、动态地获取产业金融业务的发展数据，并合理运用公共服务机构、金融服务获得方的数据进行交叉验证，保证数据真实可靠，进而逐渐形成"边发展边规范"的主动型监管模式。产业数字金融模式天然具备的开放共赢、生态融合的特征，能够与具备监管科技基因的技术产品（比如可监控的机器人流程自动化、可审计的人工智能和可追溯的隐私增强计算等）进行耦合。与此同时，随着产业数字金融的不断发展，金融机构与科技企业在数据输入、数据存储、数据分析、数据应用等环节的合作将逐渐透明化、规范化，监管机构也可以利用科技手段对合作环节、节点和行为提供节点式监管，保证每个参与主体的权力责任对等，增强监管的针对性和有效性，保证业务链条稳健运行。

七、助力构建富有中国特色的金融体系

产业数字金融是在直面产业端金融供给不平衡不充分，以及中小企业融资难融资贵问题的背景下产生的，是基于中国的产业结构与金融体系特点，以及产业互联网时代以来我国金融、科技、产业界的各方探索而提出的。产业数字金融尊重中国的基本国情，是数字经济时代具有中国特色的金融体系的重要一环，也

向中小企业融资难融资贵这一世界难题提供了中国方案。

第一,产业数字金融立足中国实际情况,能解决中国的实际问题。一方面,我国是制造业大国,是全世界唯一拥有联合国产业分类中所列全部工业门类的国家。制造业已经成为振兴我国实体经济的"主战场",产业端金融供给不平衡不充分问题在制造业领域更为突出。同时,我国制造业存在产业链链条长且复杂,供应链稳定性受环境影响较大等问题,使融资问题在制造业领域更为突出。另一方面,我国已经建立了各个层次的资本市场体系,但银行业依然是产业端金融服务的主要供给方,对于实体经济融资意义重大,是我国金融体系的主导产业。与美国相比,我国银行非金融类贷款以对公贷款为主,银行业始终承担着服务实体经济的重大使命。产业数字金融在助力银行等金融机构数字化转型的同时,通过对资产的数字化穿透,对交易场景的数字化追踪预警,帮助金融机构揭示了更大规模的潜在风险,与银行传统主体信用风险相结合,能够更好地揭示产业金融服务的整体风险概貌,从而减少对企业主体信用的过度依赖,系统性解决产业链上中小微企业融资难融资贵问题。

第二,产业数字金融体现了新发展理念,是深化金融供给侧结构性改革的重要方式,对服务构建"双循环"新发展格局和现代化经济体系,以及中国特色金融体系的形成发展具有积极意义。

习近平总书记在中共中央政治局第十三次集体学习时强调,深化金融供给侧结构性改革必须贯彻落实新发展理念,强化金融服务功能,找准金融服务重点,以服务实体经济、服务人民生活为本[1]。产业数字金融通过创新技术手段，赋能金融机构和传统企业转型升级；通过系统性疏通产业链金融血脉，使上下游企业协调发展，产业链现代化水平不断提高；通过对绿色资产的穿透，实现风险可控，从而可以有力、有序、有效地支持绿色低碳转型发展；通过搭建开放的产融平台，实现产融生态各方互利共享；通过技术赋能对产业链上下游企业，特别是中小企业底层资产的穿透验真，帮助金融机构看得清、摸得透、信得过、管得住，让产业链上各类企业都能获得平等的金融服务，实现金融回归实体经济的本源。

产业数字金融集中体现了创新、协调、绿色、开放、共享的新发展理念，是推进和深化我国金融供给侧结构性改革的重要方式，是强化金融服务功能、找准金融服务重点、推动金融服务实体经济的重要手段。在百年未有之大变局的背景下，重振以制造业为主体的实体经济已经成为大国竞争博弈的战略重心。积极推动产业数字金融创新发展，集中力量破解产业端金融供给难题，是进一步深化我国金融供给侧结构性改革、丰富中国特色金融体系内涵、服务构建"双循环"新发展格局的应有之义。

---

[1] 参见中国政府网，http://www.gov.cn/xinwen/2019-02/23/content_5367953.htm。

第三篇

产业数字金融的创新实践与发展模式

当前，银行金融机构、平台科技公司、科技企业、产业企业、数字金融基础设施建设机构等都已经在产业数字金融领域进行了创新实践。本篇以代表性企业为案例进行研究，一方面直观呈现各类案例在创新应用产业数字金融模式的过程中所采用的不同方法及其发挥的不同作用；另一方面洞察并剖析这些案例的操作方式，挖掘其背后的运作机理，从实践中来到实践中去，并在此基础上阐明产业数字金融的发展模式和实践方法。

产业数字金融有三种发展模式，分别是以金融机构、科技公司和产业企业为主导的模式。无论采用哪一种模式，都需要构建与产业数字金融模式相匹配的产业金融信用体系，即"主体信用＋交易信用"更完备的信用体系，并在此基础上进行产业数字金融实践。换言之，采用业务场景化、资产数字化、风控智能化和经营服务生态化（以下简称"四化"）的基本做法，秉承产业链、闭环、门户三大思维，锻造数据处理能力、科技构建能力和安全防范能力三项能力底座，为产业端金融供给不平衡不充分、中小企业融资难融资贵问题提出切实可行的创新方案。

第七章

产业金融的创新探索

本章选取较丰富多元的案例，包括大型商业银行、中小银行、互联网银行等银行金融机构，服务范围较广的平台科技公司和服务垂直领域的科技企业，产业垂直领域的大型集团企业，以及构建数字金融基础设施的机构。此类案例机构企业的数字化水平较高，已经初步形成或者完成交易闭环、风险闭环、资金闭环，在解决产业链上信息不对称问题、破解中小企业融资难题方面进行了有益探索。

一、日照银行：搭建"黄海之链"产业数字金融平台，破解钢铁产业链融资及"光伏贷"金融服务痛点

近年来，日照银行通过科技赋能，积极开展产业数字金融产品创新、渠道创新、场景创新，为产业链企业、外贸企业等提供更加数字化、便利化的金融支持，发挥金融"活水"纾困解难的作用，有效提升实体经济质效。

（一）搭建"黄海之链"产业数字金融平台

"黄海之链"产业数字金融平台（以下简称"黄海之链"平

台）于 2021 年 8 月 18 日上线，是日照银行推出的首个 ToB（面向企业）的金融服务门户网站。平台全面融合区块链、物联网、人工智能、大数据等智慧科技，将金融科技成果与实体经济场景有机结合，实现对产业链全链条、全周期、多维度金融服务需求的覆盖，提高产业运行效率；通过数据要素的全面运用，实现信息化、数字化和智慧管理；通过与商贸物流平台、交易市场、电子仓单系统等特色场景对接，打造"产业经济＋金融服务"的数字化生态闭环，实现产业链交易全流程业务可视、数据可信、资产可控，有效解决上下游中小微企业融资难融资贵问题。

日照银行通过"黄海之链"平台，与中信梧桐港、山钢"舜信"、卡奥斯、蔷薇控股电子仓单系统、临沂顺和物流"链动商城"等多个场景对接，以全流程在线的方式向核心企业上下游的众多中小企业、互联网场景平台企业提供便捷、快速的在线融资服务。同时利用数字化手段，高效链接产业端、金融端，大幅缩减业务办理时间和环节，盘活链上企业"沉睡"的资产和资源，实现金融服务的供给与需求双向扩容，破解银企间信息不对称问题，促进产业链降本增效，带动地方经济加快高质量发展。

日照银行先后推出系列数字供应链金融产品。在产业链上游，为上游供应商提供电子债权凭证"橙信贷"、供应链票据、反向保理、订单融资等应收账款融资。

在货物进口、国内采购及物流仓储阶段，提供电子仓单质押融资"橙仓通"、动产质押融资等产品，助力粮食、原油、煤炭、铁矿石等大宗商品国际、国内贸易。

在产业链下游，重点打造针对下游经销商的全流程线上化预付款融资产品——"橙销通"。"橙销通"通过核心企业配合、数智化赋能，实现业务"四流合一""闭环运作"，解决产业链下游经销商在采购、物流、仓储、销售全过程中的资金缺口问题，缓解下游企业生产经营的资金压力，有效打通资金链堵点、续接交易链断点，让金融活水精准滴灌产业链供应链的薄弱环节。

依托"黄海之链"平台，日照银行围绕全产业链条创新产品和服务，实现上下游全链条、全流程、全场景服务覆盖。

（二）依托"黄海之链"平台破解钢铁产业链融资痛点

钢铁产业是日照市的主导产业和传统产业，也是全市第一个千亿元级产业，其融资痛点具有一定的代表性。钢铁产业链结构从上游到下游依次经过：矿厂、贸易商（经销商）、钢厂、贸易商（经销商）和用钢单位。产业链融资企业包含上游煤矿、铁矿生产性企业与贸易企业融资，中游钢铁生产厂的融资以及下游经销商与用钢单位融资。钢铁产业链全景如图7-1所示。

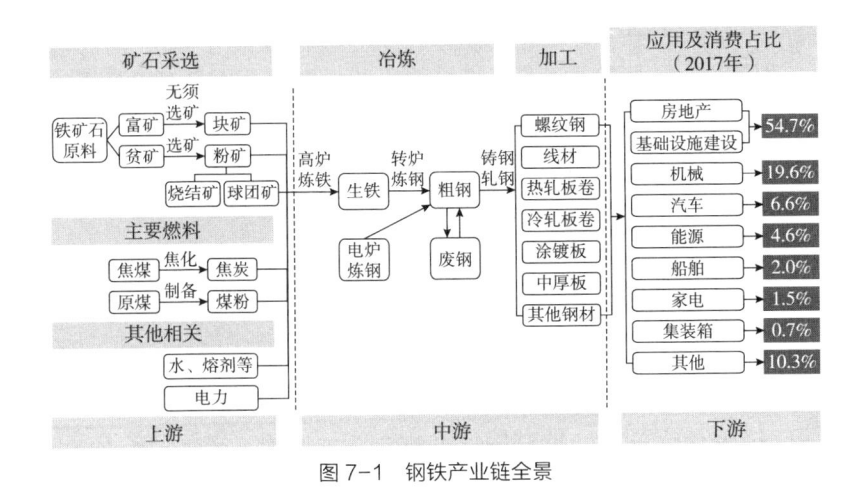

图7-1 钢铁产业链全景

在钢铁产业链中，原材料企业（及矿厂）、钢厂、用钢单位是重资产型企业，一般具有较强的信用水平，同时此类企业往往具有较高的进入壁垒和规模效应，企业固定资产水平较高，资金沉淀或周转周期较为稳定，除受经济、政策等宏观影响外，受产业链内其他企业的影响较小，反而它们的付款周期、对原材料的需求量、产出量能对其相关企业造成影响。此类企业一般可通过其信用水平从银行融资，或通过发债、上市渠道等从公开的一、二级市场融资。但是，上下游经销商凭借自身信用资质较难获得融资，这是由其所处的产业链地位与企业的资产负债结构（轻资产）、经营方式（只有贸易，企业本身不生产或占有生产资料和产品）所决定的。经销商有大有小，并不都是大型贸易企业，银行很难根据经销商的主体信用水平发放贷款。

针对钢铁产业链上的融资难点，首先，日照银行根据普通钢材和特殊钢材的生产经营特征制定不同的方案，分析两种方案下场景的业务运行逻辑、数字化程度等，最终选择以普通钢材为切入点进行业务场景化建设。其次，通过数字化的方式对资产（既包括从会计角度记入资产类科目的资产，也包括不具有资产形态的数据、交易环节等不在会计财报上体现的资产）价值进行数字描述，综合挖掘其价值，比如市场价格、数量、买方卖方关系（主要关注流通性）等。

在此基础上，通过打通"黄海之链"平台与钢厂 ERP 系统、仓储物流系统，在生产、销售、发货、物流等各节点进行信息交互，以及商流与信息流一致性校验、商流与物流一致性验证和商流、物流与资金流一致性验证分析，实现商流、物流、资金流、信息流的"四流合一"。例如，根据核心企业（镔鑫钢铁集团）2019 年 1 月至 2021 年 8 月的历史数据和订单日志记录，每笔订单均需要经过销售、经销商、销售主管、财务、业务经理、财务主管6个审核节点，之后才成为可出库状态。若在前述节点中加入银行审核节点，即出库发货指令的环节，就可达到在基础业务流程中对还款出库逻辑进行强监控，进一步降低风险。通过智能风控建模等方式加工、处理"四流"数据，揭示交易信用、联合主体信用确定授信额度。

最后，在"黄海之链"平台上线了"橙销通"产品。"橙销通"是为核心企业下游经销商研发的全流程线上产业数字金融产品，解决了钢铁产业链上核心企业下游经销商在"现金进货"到"货物销售"过程中的资金缺口问题，缓解了下游企业批量采购的资金压力。对于核心企业，"橙销通"有效扶持经销商，巩固自身的销售渠道，加快货款回笼，改善资产质量。核心企业支付了较低的成本（自身信用），借助买方间接获得低成本的融资；提前获得订单，锁定了市场销售，便于安排生产计划；促进了产品销售，杜绝买方可能的迟付、拒付风险。对于下游企业，"橙销通"保证了经销商商品供应通畅，避免了销售旺季时商品的断档。依托真实商品交易结算，经销商借助核心企业资信获得银行的定向融资支持，增强融资可得性；经销商获得批发购买优惠，使其享受大宗商品订货优惠政策，降低购货成本；通过"黄海之链"平台在线办理融资申请、签署协议、还款提货等，便捷高效。

"黄海之链"平台通过"金融科技＋供应链场景"，整合核心企业主体信用、交易标的物的信用、交易信息产生的数据信用，完善信用体系，解决传统信贷中银行"不敢贷"的难题，有效破解供应链上中小微企业融资难融资贵的现实问题，实现金融服务供给与需求的双向扩容。据统计，2021年，日照银行依托数字化供应链金融服务平台，全年累计为产业链上132家核心企业及其上下游1 506家中小微企业投放供应链金融234亿元。尤其是在供应链票据方面，日照银行已支持149家核心企业签发供应链票据126.86亿元，为260余家企业办理股票融资117.74亿元，供应链票据开立与融资总量均居全国前列。较传统渠道相比，融资成本降低了20%~30%。目前，"橙销通"产品已在钢铁、汽车行业实现突破，通过该模式为下游经销商提供资金融通3.02亿元，服务范围辐射山东、江苏、福建、海南、新疆、四川、青海等地。

（三）依托"黄海之链"平台解决"光伏贷"痛点

日照银行对在"光伏贷"业务实践中存在的问题进行了系统总结和梳理，主要有以下三点。一是传统的勘察审核方式会带来一定的审核风险。勘察审核方式主要对光伏电站和设备的应用效率及质量进行人工判断，判断标准不统一、主观性强，对不同电站和设备的发电收益分析评估精准度低。二是"光伏贷"业务依然存在一定的主体信用违约风险和交易信用风险。例如，部分光伏设备所产生的电费收入无法覆盖贷款本息，部分保证金账户、维修基金账户比例没有满足要求，存在一定的信用风险；光伏合作企业经营的稳定性较差，存在主体信用违约风险和交易信用风险。三是在贷款审批的过程中，放款周期过长、中间环节复杂、人工成本较高等问题依然存在，审批效率较低，客户体验不佳。

为了解决前述痛点，日照银行以产业数字金融的方式对"光伏贷"业务进行了系统性升级，最终打造了数字化、智能化的风险管控新模式，构建了全流程监控体系，有效解决了"光伏贷"

产品的风控痛点。具体而言，有以下三点。

一是建立智慧场景模型，增强贷前审核能力。贷前审核作为客户准入、风险识别的第一关，在风险管理全流程中发挥着重要作用。日照银行在贷前审核的环节，加入地方电站性能指标，分析不同区域电站发电情况；加入设备衰减指标，分析不同品牌、地区设备的衰减率，以此对发电性能进行综合评估；结合数据库中不同区域的历史光伏发电数据，构建动态多源数据体系。在此基础上，利用大数据和机器学习技术，搭建智慧场景模型判断在不同情况下未来的现金流状况，为借贷准入和授信额度提供决策支持。随着数字技术的不断迭代和模型训练的持续深入，场景模型判断和预测的精准度也会持续上升。

二是建立智能反欺诈模型，提升贷中信用风险监测能力。日照银行广泛采用图像识别、光学字符识别、区块链等数字技术，在对光伏合作企业和借款人信贷资料进行智能录入和审核的同时，累积客户数据信息，联动监管机构、司法机构及相关机构公开的风险数据信息构建风险信息数据库。利用大数据技术对风险信息数据的关联性进行深度挖掘，建立智能反欺诈模型。在此基础上，建立信用风险评定机制，不断迭代信用评价体系，提升反欺诈模型的精准度。之后，借助人工智能等技术，深度解析用户的行为及信用数据，进一步建立动态决策机制，通过自动识别欺诈因素实现事中预警和风险阻断。

三是打造智能实时监控体系，提升贷后管理能力。贷后管理是防范金融风险、维护金融稳定的关键环节。日照银行利用大数据、物联网、区块链等技术，推动行业风险、主体信用风险、交易信用风险、资金风险等风险数字化、可视化，实现对四类风险实时、直观监控。在行业风险模块，通过对光伏行业整体发展变化情况，包括政策变化、产业链上下游市场变化、同行业经营变化等进行行业风险监测，判断光伏行业的整体风险情况。在主体信用风险模块，通过对征信风险、担保风险、财务风险、司法涉诉风险等融资主体及合作方的主体信用风险进行监测，判断融资主体及合作方是否会出现较大的主体信用违约风险。在交易信用风险模块，通过预测设备未来的发电量和预期电费收入、监控光伏设备运行状态，对交易信用风险进行监测。在资金风险模块，通过监控电费收入与预期差异、保证金账户资金变化等情况，判断资金是否足额覆盖风险敞口，保证资金闭环。这四类风险的变化情况能够通过数据可视化技术生成趋势变化图及汇总表，生成可视化界面，展示风险变动趋势。同时，日照银行利用大数据和人工智能技术建立贷后风险管控模型，对用户每笔分散还款、供电公司打款和还款计划实行智能分级分类预警，按照风险程度的不同自动匹配解决方案。该模型还会根据不同解决方案的执行反馈实行自动化迭代。

在大数据、人工智能、物联网、区块链等数字技术的加持下，产业数字金融模式赋能日照银行以数字化重塑风控流程，建立"光伏贷"数字风险管控新模式，实现了对资产的动态、实时、闭环管理，显著降低了产品管理和运营成本，提高了农户收入水平。截至2022年第三季度，日照银行累计发放"光伏贷"约11亿元，客户数约1万户，累计减少二氧化硫排放量约11 508.8吨、氮氧化物排放量约5 754.4吨、煤排放量约13.8万吨。[①]同时，

---

① 累计减少二氧化碳、氮氧化物和煤排放量数据是根据相关模型估算得出的。

户均年增收（包含贷款本息额）超过1万元。

二、网商银行：场景数字化建设与小微风控模式创新推动金融服务下沉

（一）银行传统的风控逻辑和小微低水平数字化程度使供应链金融服务难以下沉

对大多数核心企业而言，品牌的发展离不开供应链上的小微企业与一张发达的分销网络，供应链强则销量强。经销商的资金实力强弱，直接决定了其进货能力和销量。但对许多品牌而言，传统的供应链金融主要服务核心企业及其上下游一、二级经销商，其他广大小微群体存在融资难融资贵等问题。究其原因，主要是在传统供应链金融模式下，风控逻辑主要依赖小微企业的主体信用，看重小微企业与核心企业之间的交易关系、债项信用，因此除了一、二级经销商，其他小微群体几乎都被排除在供应链金融体系之外。而且，这些小微群体数字化水平普遍较低，数据采集困难，银行针对小微群体的画像刻画不准确、不完整，无法深入理解其业务场景，进而很难在此基础上进行风控模式创新和金融服务创新，因此服务难以下沉。

（二）以场景数字化建设等方式，实现对产业场景的全方位洞察和多维度风险管理

网商银行通过物联网、卫星遥感、人工智能、区块链等科技手段，以场景数字化建设等方式，准确还原小微经营者的行业属性、经营行为和上下游关系，并以产业场景识别（识别用户所处

行业及工作场景）、场景描绘（通过行业图谱刻画行业周期特征和上下游交易关系）、场景理解（通过产业多维数据感知能力实现对产业的深度感知）、场景部署（快速部署行业大数据风控平台）等方式，实现对产业场景的全方位洞察与产业金融服务的多维度风险管理。以行业大数据风控平台建设为例，除了将产业上下游各场景进行在线迁移，网商银行还通过对产业宏观环境数据挖掘、产业各相关方多维数据挖掘、产业资产数字化分析等方式，实现金融风险控制的精准分析、预测与预警。

（三）"大雁系统"重塑风控逻辑，打造新型数字化产品矩阵

在产业金融建设方面，网商银行推出了针对小微群体的产业数字金融解决方案——"大雁系统"。该系统以核心企业与上下游小微企业的供应链关系为基础，解决小微企业在供货回款、采购订货、铺货收款、加盟、发薪等生产经营全链路的信贷及综合资金管理需求。目前，"大雁系统"的产品矩阵包括"采购贷""还款宝""云资本""月供""代发工资贷""加盟商贷"等场景化金融产品，这些产品的提出充分结合了品牌商进货、销货等场景，能够将金融服务穿透到"毛细血管"中，使供应链从"主动脉"到"毛细血管"都恢复活力。

以"采购贷"为例，"大雁系统"基于识别及验真技术，为小微企业提供关键增信维度。同时，基于大规模图计算及数据处理技术识别企业关系，生成企业信贷数据大底盘。另外，网商银行通过图计算及数据处理技术，还原供应链贸易关系网络，从而预测信用风险，为用户做增信、提额、定向支付以及反欺诈、反

套现等风险防控策略。①

（四）"百灵系统"创新风控模式实现小微自证提额

"百灵系统"是 2022 年 7 月网商银行发布的新一代智能风控系统，通过大规模人工智能技术建立了小微风控新模式——自证模式，用户主动提交和授权获取信息，全程可感知、可管理，在充分保障用户知情权的前提下提供金融服务。在"百灵系统"中，小微商家能够自主提交材料来证明自身经营实力和稳定性，从而提高信贷额度。这些经营材料既包括合同、发票等凭证，也包括门头照、货车照片等实物。"百灵系统"会自动解析这些材料，综合评估小微的经营状况，进而给出更合理的授信额度，全程没有人工介入。在必要时，"百灵系统"还会与用户进行对话，补充对用款需求和场景的了解。"百灵系统"通过数字技术将原本风控系统不可识别的资产要素数据化，形成增量信息，补全经营画像，在满足用户更高额度需求的同时，增强小微个体的经营弹性，间接提升小微实体经济的整体韧性。②

截至 2022 年，网商银行已与海尔、华为、蒙牛、娃哈哈、旺旺等 700 余个零售业品牌直接签约合作，通过接入"大雁系统"，供应链上小微经营者的贷款可得率提高到约 80%，实现了对产业金融的高效建设。据统计，已有超过 500 万小微个体通过"百灵系统"实现自证提额，平均提额幅度超过 4.5 万元。

---

① 参见网易，https://www.163.com/dy/article/H8AHLTRA0518IJ4K.html。
② 北京青年报. 网商银行"百灵系统"服务用户超 500 万：自证模式提升小微经营者信贷满足度［EB/OL］. https://t.ynet.cn/baijia/33583064.html，2022-11-17.

三、兴业银行：搭建智能产业金融服务平台，提升金融服务质效

近年来，兴业银行坚定推进科技兴行战略，全力推进产业金融的数字化转型，为实体经济发展注入金融动能。为进一步提升金融服务质效，兴业银行通过搭建智能产业金融服务平台等方式，努力解决信息不对称问题，深度挖掘数据要素价值，打造智能化风险管控体系，构建金融服务生态圈。

（一）推动产业数据结构统一协同，促进经营决策智能化

一是解决产业数据结构化问题。一般情况下，在与产业合作方开展业务合作的过程中，由于不同行业的特殊性与差异性以及非标准化的文件材料的归类整理问题，银行较难对产业合作方所提供的各类业务数据进行后续的提取、处理、使用。因此，针对以上情况，兴业银行基于与产业合作方交互的经验积累，设计了一套面向产业合作方的数据整理系统，融入采集、整理、提取、清洗、复核、存储和应用多个环节的数据整理全流程，具备了以标准数字化模式获取产业客户材料，以及对多维度数据进行结构化处理的能力。

二是运用人工智能工具提升数据处理质效。当对产业合作方提供数据并进行分析整理时，兴业银行基于机器人流程自动化、光学字符识别、外部数据交叉核验等人工智能技术的应用，提升提取产业客户数据质效，推动流程再造，夯实数据基础，驱动业务与财务深度融合。人工智能技术的成功引入，不仅帮助银行产业金融服务提高了资料分拣整理、数据提取录入、交叉复核校验等环节的工作效率，也达到了节省成本的效果。

三是建立完善的外部数据资产体系。外部数据的特点主要是数据量较大、采集范围较广、采集方式多样化、实时性要求高。为了更好地系统性管理外部数据,提升外部数据合规水平,加速释放数据潜能,兴业银行提出以下三点措施。一是打造统一的外部数据管理平台,制定外部数据的标准分类,优化外部数据系统架构,建立统一的外部数据资产库,为各领域提供统一的外部数据服务,提升数据复用率;二是建设外部数据管理机制,提升外部数据接入的配置化能力,实现数据服务的配置化接入和输出,加速外部数据的接入和使用,创造内外部数据融合的条件;三是在与产业客户的持续业务合作中,积累大量产业客户数据,在整理的过程中形成各种材料的数据标准模型。

(二)打造智能化风控体系,共建金融服务生态

第一,打造智能化风控体系。兴业银行提出以下四点措施。一是打造"1+N"模式[①]授信审批,对公授信业务审批流程数字化,提高审批效率;二是打造360度客户风控全景视图,实现获取、授权、收集3类数据,围绕4个维度的客户画像主题,建立了21类3个层级共990个客户风险标签;三是打造提升机器决策能力的智能风控平台,上线业务分析功能,平台集数据、模型、策略于一体,实现风险识别、监控、分析、预警及报告的全流程管理;四是推动贷后管理从被动向主动、线下向线上转变,搭建智能化、差异化的授信后主动管理框架。

---

① 兴业银行已形成"1+N"的商行普惠金融服务体系。其中,"1"是指普惠金融事业部,"N"是指中小企业部、绿色金融部、银行合作中心等专业化经营管理机制。

第二，构建全流程线上化服务能力。为了加强银行线上能力建设，提高围绕产业客户合作的服务效率，兴业银行提出一系列在合作模式上的创新举措。一是通过"1+N"方案，突破传统线上业务模式，拓展金融业务场景，牢抓"小而散"客群，重点突破核心业务数字化，实现试点项目的全流程线上化运行；二是充分运用数字化能力建设成果，积累在各产业试点项目的落地经验，积极探索成熟模式在垂直细分领域的复制推广；三是尝试引进区块链技术，应用于银行、产业客户以及第三方平台的多方业务处理和数据共享的场景，以去中心化的智能合约技术解决业务数据多方存证问题。

第三，基于风控智能化、场景数字化实现三大特色产品模式。兴业银行基于"圈、链、会、台"生态圈，即金融服务生态圈、产业链供应链、行业协会、交易平台，实现长授信、短用信、按日计息、随借随还、循环使用、动态监控的产品理念，打造全新特色信贷产品"随兴贷+"，创新性解决客户用信过程中的自助服务问题，极大地丰富了服务客户的手段与方法，实现了以下三大特色产品模式。一是基于传统信贷系统进行线上化、无纸化的业务流程改造，实现长授信、短用信的智能风控抵押贷款模式；二是在供应链金融平台的基础上打造线上"1+N"供应链模式；三是通过与合作方进行产业数据对接，实现大数据征信贷款模式，打造全新的产业金融平台。

四、平安银行：定制化物联网金融服务破解产业融资难题

（一）以业务场景数字化为突破口，推进开放战略发展

为了更好地运用数字技术提升产业金融服务质效，平安银行

构建了"上有卫星，下有物联网设备，中有数字口袋、数字财资和开放银行"的创新型数字经济服务生态，即物联网服务实现业务场景数字化。

自 2019 年起，平安银行启动"星云物联计划"，依托物联网、区块链、大数据等技术打造了星云物联网平台。2020 年，作为星云物联网平台的技术补充，平安银行发射了国内金融领域首颗物联网卫星"平安 1 号"，致力于打造天地一体化物联网解决方案，帮助企业链接资产，为企业提供有效的、可视化的资产监控服务，提升企业的数字化运营能力。截至 2021 年 9 月，星云物联网平台已接入超过千万台物联网终端设备，在"智能制造""智慧车联""智能农业""智能能源""智能物流""智能城建"六大领域实现了产品创新，支持实体经济融资规模超过 1 300 亿元。

长期以来，平安银行以开放战略推动开放银行的建设，开放平台已输出 290 个大类，约 5 950 个 API（应用程序接口），可为汽车、制造、货运、农业等各行业提供基于产业链供应链的一站式金融服务。

（二）搭建"智慧车联"，赋能汽车产业

以商用汽车市场为例，平安银行构建了具有平安银行特色的"智慧车联"场景，不仅提高了银行的效率，还有助于企业的发展。在传统的商用汽车市场，货车司机融资渠道少，没有稳定收入，无法提供有效质押。一方面，卡车司机从金融机构获得融资极为困难；另一方面，由于缺乏对商用汽车行驶、卸货、装货过程中出现的异常情况的监控手段，金融机构在向卡车司机放贷

后也较难控制风险。基于此，平安银行创新"智慧车联"应用场景，为拥有物联网设备的货车司机提供贷前增信并实现贷后有效监管。首先，为每个货车司机和车辆设置唯一的用户身份识别码，用以识别司机和车辆。其次，在用户授权并严格遵守相关数据安全规范和技术标准的前提下，通过物联网终端设备实时监测车辆和司机位置的经度、纬度、轨迹和车辆状态。最后，将采集的数据与仓储、税务、票据等数据进行关联验证，从而实现对司机和车辆的有效管控，最大限度地降低贷后风险。

整个过程虽然涉及设备感知、采集传输、数据处理、业务对接、价值变现等较多复杂环节，但平安银行创新应用数据治理和流程标准，在确保数据安全的前提下，通过星云物联网平台的输出能力，对内帮助客户经理实现实时管理，大大降低了在贷款监控方面的成本投入；对外赋能客户运营管理，基于数据和智能决策模型，助力企业数字化转型，促进企业资产实体属性和价值属性的融合，带来全新的产品体验。

以平安银行的客户某汽车服务商为例，该公司基于新运营、小微金融、大运力三个业务板块，建立了联结商用汽车司机和车主、经销商、金融机构、物流公司（货主）的多场景生态圈。自2018年第二季度起，该公司构建了"买""用""转""养"四位一体的商用汽车服务生态。这种服务生态在前端向金融机构推荐符合贷款条件的承租人，金融机构直接与客户签订贷款合同，该企业则作为资产管理方和资产服务方，负责贷后资产运营和贷后管理。

平安银行在不改变企业用户使用习惯的前提下，以 SDK（软件开发工具包）模块化的方式嵌入客户自有的金融服务体系，让客户身份验证的五要素全部在企业核心平台 App（应用程序）中完成。以星云物联网系统为载体，基于物联网硬件和平台的行业解决方案模式，四位一体智能服务平台为物流车队提供车辆定位、轨迹跟踪、视频监控、里程管理、异常分析、油量识别、安全预警等应用，直接掌握融资车辆的关键信息。通过SaaS（软件即服务）云计算对商用汽车进行数据分析，并实现数据可视化大屏显示、智能报表、轨迹分析、安全预警和精细化管理，为汽车服务商管理设备的同时实现资产的在线动态监控。此外，平安银行还全面实现了审批模型化、提款线上化、出账自动化，打造了全天候服务模式。通过融入该公司的商用汽车业务生态，平安银行与企业共同提供融资、结算的一揽子综合金融服务。截至2021年9月，平安银行累计放款金额达30亿元，有效支持了商用汽车市场的发展。

（三）向各产业提供定制化物联网金融服务

除了"智慧车联"场景，平安银行还在"智慧制造""智慧物流""智慧农业""智慧能源""智慧基建"等场景进行了拓展，通过物联网赋能产业与金融的融合，实现底层数据采集、网络层数据回传、数据结构化处理、行业模型构建以及产业金融应用输出等全链条的数字化服务，彻底穿透产业与金融之间的信息壁垒，打造信息流、商流、物流、资金流"四流合一"的业态体系。

平安银行通过物联网与产业的融合，基于数据和智能决策模型助力企业的数字化升级，帮助企业降低数字化、智能化改造成本，借助数据的不断积累，形成对产业的智能化服务能力，延伸银行的服务范围。产业金融和物联网金融从不同逻辑及视角优化工业互联网授信模式和信用数据的真实性，未来二者可能趋同实现主体信用、交易信用的融合，进一步助力实体经济的高质量发展。依托平安集团的科技实力和优势产品，用数字化方式赋能中小企业发展，为实体经济服务，这是平安银行探索的方向。

五、华夏银行：创设数字信用，实现在传统对公信贷业务上的突破

（一）聚焦四个数字层次提升，实现"千人千面"精准匹配

为了实施并推进产业数字金融的发展，华夏银行主要聚焦四个数字层次的进阶提升。一是注重数字资产的积累，即基于产业生态体系，不断积累产业交易数据，形成足够量级的数据库并与外部数据一同组成华夏银行的数字资产宝库。二是深度挖掘数字资产价值，促使其真正转变成具有生产力的要素。三是以数据要素为核心，基于产业链上下游企业的内外部数据的交叉验证，利用数字算法模型，建设数字信用。四是基于数字信用形成数字担保，实现对传统信贷业务的突破。

在推进实施产业数字金融的过程中，由于不同产业链上下游、不同企业的数字化程度存在差异，因此，华夏银行对客户的数字化程度建立了分层进阶体系，因企施策、分类赋能，以实现金融数字化与产业数字化的同频共振，缓解银企间信息不对称，"千人千面"推进产业数字金融。对于尚未开展数字化且还未具备实现产业化、信息化的产业链，华夏银行协同数字伙伴，帮助其建立数字信息系统，逐步培养数字化生态，建立并强化合作伙伴关系。对于数字化水平仍处于初级阶段，且还未建立供应链体

系的产业链，华夏银行根据产业链发展需求，协同合作伙伴帮助其优化并提升产业链生态的数字化水平，在此基础上为客户提供一揽子金融科技服务，增强客户黏性。对于数字化程度处于中级水平，但仍不健全的产业链，华夏银行帮助其完善产业链上下游基础设施建设，推进产业业务线上化，围绕不同交易场景实现与产业链客户更深层次的数字金融服务。对于数字化水平建设相对完善的产业链，华夏银行着力于通过本身开放性银行的建设，快速融入产业链生态圈，为产业链上下游提供更智能化的数字金融服务。

（二）聚焦 B 端和 G 端两大客群，创设数字金融产品

基于产业链客户的基本特征，华夏银行围绕两大客户群体进行了一系列数字金融创新模式。一是对于在产业链中占据关键位置并具备稳定上下游产供销体系的核心企业，华夏银行针对其产业链上下游企业提供产业数字金融业务。二是对于具有大量客户数据基础的垂直领域 B 端和 G 端（政府端）产业直通平台，华夏银行为平台企业围绕交易场景，创设数字金融产品并提供产业数字金融服务。基于此，华夏银行在产业数字金融产品创新上取得了一系列成就。

首先，基于数字信用与数字担保推出了一系列数字信贷类产品，截至 2022 年 7 月末，已累计服务客户超 900 户，累计投放金额约 380 亿元。其次，应对产业链的商贸交易、资金结算、财务管理的需求，针对不同交易场景与客户需求打造具备各项财务功能的数字结算产品，增强与产业客户的协作互信。例如，华夏银行与产业链中数字化经营客户协同联动，共同针对餐饮业小微商户推出了基础版华夏"e 收银"产品等数字化经营服务，解决经营管理及消费流程的数字化，并为小微商户提供全渠道的金融服务；另外，在大宗商品方面，华夏银行与上海清算所共同推出"清算通"产品，解决了大宗商品交易市场平台交易标准不一、手工记账烦琐等传统交易场景中存在的问题，为大宗商品交易市场奠定了坚实的金融服务基础。

（三）构建全流程数字化系统平台，为产业生态场景提供解决方案

华夏银行在推进产业数字化金融的过程中，还构建起一个支撑全业务线上化的系统平台，实现了金融服务业务全部线上化，围绕产业生态场景贡献解决方案。全流程数字化系统平台的建立帮助华夏银行在数据收集、场景分析、信贷审批、风险控制等各环节构建多维解决工具箱，实现金融服务全流程线上化。在此基础上，华夏银行形成了多个产业生态场景金融服务解决方案。深耕重点产业生态，比如国家战略支持的制造、能源等行业与重点产业，围绕核心企业，打通产业直通平台，优化产业链各环节金融服务质量，拓展产业链生态场景。随后，根据场景打造生态服务方案，借鉴已建立的产业金融服务方案的成功案例总结经验，并应用于其他产业链上下游线上化、数字化、智能化、便捷化的金融服务，提供一揽子综合金融解决方案。

六、羚羊工业互联网平台：推动产业场景的数字化建设，创新数字金融服务

（一）与政府一道推动产业场景的数字化建设

羚羊工业互联网平台是由安徽省经济和信息化厅与科大讯飞

联合打造的并实行市场化运作的安徽省工业互联网综合服务平台，平台建立了轻量化应用、行业解决方案、行业领域专家以及金融工具四大资源中心。羚羊工业互联网平台从产供销服等方面推动实现产业场景的数字化建设。

从智能化生产的角度看，羚羊工业互联网平台围绕企业质量、交期、成本，实现人、机、料、法、环、测的全面智能化，比如设备智联、产品质检、安全生产检测等。就安全生产检测而言，羚羊工业互联网平台为安徽省130个各类燃气场站、38个化工园区、1 300家钢铁和化工厂提供快速安全检测保障，并通过融资租赁或购买服务，减少企业首次投入成本。

从数字供应链的角度看，羚羊工业互联网平台共享大企业供应链能力，作为各专业平台的补充，解决中小企业采购量小、议价能力弱、采购成本高、供应商监管能力不足、质量把控差、寻源能力弱、计划管理能力弱等痛点。例如，将科大讯飞供应链超过万户的供应商及供应商的信用评估等资源补充进羚羊工业互联网平台，为相关中小企业服务。

从数字营销的角度看，当前直播营销快速下沉扩大，已成为中小企业的重要销售渠道。安徽省绿色食品产业规模达2.5万亿元，羚羊工业互联网平台凭借精准分发以及人工智能和机器人流程自动化等优势，联合直播营销服务商助力绿色食品产业发展和乡村振兴，有效降低了20%的直播流量成本以及30%的人力运营成本，同时提高了直播间搭建及内容制作能力，建议金融机构给予涉农低息贷款或贴息支持。

从智能客服的角度看，经市场调研，安徽省拥有专职客服的企业不足38%，企业客服建设相对滞后。羚羊工业互联网平台提出羚羊智能客服 SaaS 平台，由人工智能技术驱动的智能客服逐渐被应用在制造业和服务业，辅助人工进行业务高效处理，通过 SaaS 的方式进一步降低企业应用门槛，让智能客服"即插即用"，为企业降低服务成本，提升服务满意度。

羚羊工业互联网平台对于产业金融场景数字化建设的成功实现离不开政府的背书。一方面，政府的背书有助于快速建立各方信用机制；另一方面，政府的政策支持助力打造行业特色，精准施策。同时，就政府而言，有工业互联网平台数据与信息的支持，政策性贷款以及资金扶持可实现更精准的发放，在一定程度上能避免灰色产业链的形成。因此，政府在产业数字金融生态中具有重要地位。

（二）"数字化转型 + 数字化金融"解决融资难题

基于科大讯飞人工智能、大数据、物联网等技术，羚羊工业互联网平台为企业提供企业诊断咨询服务、数字化工具包、设备智联等数字化转型的综合解决方案，助力企业实现"一屏观"企业经营。以力恒液压公司为例，羚羊工业互联网平台实现了中小企业经营生产数据的汇集与分析，形成了实时精准的用户画像，有效降低了融资过程中的信息不对称，进而降低交易成本、提高融资效率。

力恒液压是一家成立于 2006 年的机械加工制造企业。为了扩大规模生产，力恒液压法定代表人申请了多类个人贷款，但这些资金对于企业的高速发展而言，可谓杯水车薪。大多数金融机构考虑到力恒液压整体规模较小、没有实力雄厚的第三方担保，以及代表人贷款记录过多，综合认为其经营风险过高从而不敢贷、不愿贷。因此，力恒液压很难通过市场标准信贷渠道获得银行资金支持，其发展面临融资难问题。羚羊工业互联网平台在推动力恒液压数字化转型的基础上，联合金融机构细化业务流程，基于人工智能技术打通企业经营、交易、生产等数据，共同建立了工业互联网场景下的线上信用贷产品——"AI生产贷"（目前此产品还在内测中）。

首先，由羚羊工业互联网平台整体梳理企业数字化转型需求，设计企业设备改造升级清单，引入专业化的数字化转型服务。其次，羚羊工业互联网平台通过打通企业能耗数据、进销存数据等生产经营类信息，实时呈现企业运行状态，联合新安银行以联邦学习建模的方式描绘企业信用状况。就企业而言，力恒液压在羚羊工业互联网平台完成统一认证后，即可在平台上发起贷款申请。平台根据力恒液压实时鲜活的生产经营数据，以及新安银行授权查询的企业征信、法定代表人征信等数据，5分钟自动计算出可贷额度。目前，力恒液压已获批来自新安银行的200万元的授信额度，资金将用于企业数字化转型的升级改造。值得提及的是，在这一过程中，平台的隐私计算相关技术能力时刻保证"企业数据不出企、银行数据不出行"。

力恒液压通过贷款授信审批的过程方便快捷、安全合规。在获得额度审批后，羚羊工业互联网平台仍持续运营力恒液压的数字化转型平台，助力力恒液压数字化转型和制造水平升级，实现业务数据化、数据资产化、资产信用化、信用资本化。"AI生产贷"也诠释了数字金融创新模式，应用成效未来可期。

（三）创新"三位一体"模式，推动工业园区整体发展

"数据+信用+场景"三位一体创新模式是未来羚羊工业互

联网平台的发展方向。在为企业提供数字化转型的同时,羚羊工业互联网平台以企业金融需求为着力点,依托工业互联网技术,汇集企业生产经营过程中真实的能耗数据、进销存数据、上下游数据等,并遵循数据安全要求,建立企业的信用画像,解决银企间信息不对称,以金融需求解决企业实际经营问题。通过专业化的平台保障、精准化的企业诊断能力、灵活化的产品流程,建立全流程线上的高额度、可循环的信用贷款。此外,未来羚羊工业互联网平台也将致力于联合政府的专项资金贴息,实现综合年化利率低于同业水平,为工业企业提供更高效、更省心、更实惠的金融服务。

在具体的实现方式上,羚羊工业互联网平台将选取示范园区,围绕园区的产业升级,以园区内制造资源集聚程度高、产业转型需求迫切的企业为突破口,通过对园区企业产品研发、经营管理、物流营销等各个环节的应用进行摸底和诊断,探索建立"羚羊平台+园区+金融"的数字化转型升级模式,确保数字化改造方案成功落地,使企业经营管理和经济效应得到显著提升。

七、农信互联:构建猪联网数智生态平台,打造生态化金融服务体系

北京农信互联是一家农业互联网高科技企业。农信互联打造出服务于生猪全产业链的数智生态平台——猪联网,为生猪产业提供全方位、一站式的数智化服务。

（一）牧场数字化程度低，缺乏有效的抵质押物，导致融资难融资贵

生猪产业融资面临以下两大痛点，使农业经营主体和涉农企业融资难融资贵。

一是牧场数字化程度低，信息采集难、转化难、利用难。牧场的数字化基础设施不健全，信息很难转化为有价值的数据。信息采集、信息处理与识别成本、监督控制成本过高，降低了金融服务的积极性。与政府对接的相关数据不具备实时性，多数只能做交叉验真，价值有限。

二是对金融机构而言，农业经营主体的传统抵质押物价值较低，活体抵押全程监控成本高。土地所有权不能抵押，其使用权的抵押方式正在探索，并不普及；农业设备及厂房的专用性较其他行业更强，对于金融机构而言抵质押物价值较低；生猪等活体抵质押物需要从饲养到销售的全程监控，成本较高。

（二）推动智能化风控管理，通过"互联网+"建立生态体系

一是通过技术手段实现智能化风控管理。农信互联与智能化设备和硬件厂商广泛合作，通过技术打通连接，完成了猪场智能化管理平台的技术集成。猪联网借助人工智能物联网、区块链、云计算、大数据等技术手段，自动采集整合牧场全流程环节各项数据，从而实现集团中心、基础数据管理、猪只系谱档案、猪只生产档案、精准饲喂、健康监测、繁殖管理、物资管理、自动称重分群、防疫诊疗、环境控制、智能提醒、统计与分析、销售记录、病死畜禽无害化处理记录等功能，对牧场进行全生命周期的监控、运营及事件预警。此外，通过构建精细化养殖模型，如精准饲喂模型、疾病预警模型、环境控制模型等，修正人的经验，实现精细化管理。

二是通过生产经营与交易大数据实现融资贷款。农信互联利用农信平台积累的农业经营主体和涉农企业（主要为猪、鸡、鱼、柑橘等）生产经营与交易大数据，依托自主开发的农信资信模型提供农业金融服务。例如，生猪养殖户通过农信互联的猪联网管理猪场，在农信互联的猪交所上买卖猪只，可根据养殖数量、质量以及采购交易信息形成用户信用——农信度，并根据农信度实现在猪联网平台上的申贷，待猪养成并进行交易后可自动还款，风控相对安全。

三是通过"互联网+"建立生态体系。打造"数据+电商+金融"三大核心业务平台，通过互联网技术将外部产业链变为内部生态链，贯穿从生产饲料企业到屠宰场的整个产业链的生产、经营和管理各个环节，打通各业务系统的"信息孤岛"，实现数据流通全闭环；为产业链上的不同主体，包括猪场、经销商、上游饲料厂、下游屠宰企业等，提供数字化管理、交易、物流、金融等服务，帮助整个生猪产业降本增效，促进产业转型升级。

目前，农信互联的猪联网每年服务生猪约 5 000 万头，年交易总额达 500 亿元。农信互联借助猪联网的成功模式，横向拓展至其他涉农领域，成功孵化如渔联网、驴联网、蛋联网、柑橘网、狐联网、大蒜网、玉米联网等一系列的产业互联网项目。2022 年 2 月 10 日，农信互联入选 2021 年度第二批拟认定北京市专精特新"小巨人"企业名单。

八、国家电网：构建"电e金服"平台，升级和创新金融服务[①]

国家电网是能源产业链的核心企业，具有得天独厚的资源禀赋和强大的技术能力。为了解决电力中小企业融资难融资贵问题，国家电网研发了"电e金服"平台。

（一）充分利用数字技术推动场景数字化，打造多边交易信任体系

"电e金服"充分利用"大云物移智链"等新兴技术提升平台服务质效。一是借助大数据技术，集成整合内外部业务数据、金融数据和用户行为数据，打造数字化运营分析体系，支撑金融业务线上一站式高效便捷办理。二是借助云计算技术，通过数据分析模型对客户进行全方位画像，满足在线风控、精准营销等业务需要。三是借助物联网技术，通过传感、导航、定位等感知技术，实现远程识别和信息采集，有效解决实物资产与账面信息不对称可能引发的问题。四是借助移动互联网技术，通过手机App、小程序、公众号等移动终端扩大应用覆盖范围，提高客户与平台双向互动水平。五是借助人工智能技术，增设智能客服机器人，提升交互体验，实现数据智能校验。六是借助区块链技术，通过数据上链存证确保数据真实可信，大幅提高业务办理效率，打造多边交易信任体系。

[①] 邹迪，王学亮，陈一鸣，等.国家电网数字化产业链金融服务平台——"电e金服"创新实践[J].财务与会计，2021（23）：27-30.

（二）整合数据、渠道和用户资源构建服务生态，升级和创新五大金融服务

"电 e 金服"通过汇集数据、渠道和用户等资源，构建了庞大的服务生态。一是整合数据资源。"电 e 金服"集成贯通国家电网财务、营销、物资、合同、资金等内部数据，以及税务、工商、司法、征信等外部信息，帮助产业链上下游企业更好地对接金融机构，提高金融服务可得性。二是整合渠道资源。"电 e 金服"对内深度融合物资招投标、电费缴纳等渠道，对外广泛对接地方政府服务平台，有效扩大平台覆盖范围和增强引流效果。三是整合用户资源。"电 e 金服"充分对接电网系统内一千多家单位、上游一百多万家供应商和下游亿万用电客户，通过线上线下联合推广等多种方式，精准提供各类金融服务，有效满足用户金融需求，不断拓展服务上下游用户的广度和深度。

在形成服务生态的同时，"电 e 金服"运用数字技术帮助合作银行升级和创新五大金融服务。一是应收账款融资。基于购电费结算、物资采购等场景，银行对上游发电企业、设备物资供应商应收账款进行核实确认，以电网企业的良好信用作为背书，帮助上游企业通过资产证券化、信托、保理等方式获得应收账款融资，提升融资额度。二是保证保险。基于项目投标、合同履约、电力交易等场景，银行以国家电网对供应商的信用评价为基础，帮助其通过购买保证保险产品来替代投标、履约、售电等保证金的缴纳。三是电费金融。基于电费缴纳场景，分析客户用电行为和缴费情况，形成银行贷前核查和信用评级的重要参考，帮助下游企业获得银行低成本、纯信用的融资。四是绿色金融。在"电

e金服"中打造绿色金融专区，银行通过电力大数据分析形成绿色评价结果，帮助上下游企业获得低成本的绿色融资及保险保障。五是征信服务。通过"电e金服"嵌入征信牌照，面向金融机构提供规范的征信服务。在用电客户充分授权下，根据企业的用电行为及缴费信息，银行通过电力大数据分析评估企业状况，有效反映企业生产经营情况及潜在风险，为做好贷前风险识别及控制、贷中授信审批和贷后风险防控等提供服务支撑。

截至2021年底，"电e金服"累计与228家各级金融机构建立了合作，注册用户达49.5万户，与吉林、福建等12个省级地方政府服务平台实现了合作对接，共帮助产业链上下游企业获得普惠金融服务超2 000亿元。其中，帮助5.5万家中小微企业获得低成本融资500多亿元、释放保证金近400亿元，累计节约融资成本近15亿元，在维护产业链安全稳定、服务中小微企业、支撑地方经济发展等方面发挥了重要作用。

九、中国人民银行贸易金融区块链平台：打通数据壁垒，全力助推产业企业场景数字化和底层资产穿透

（一）贸易金融场景复杂，数据获取难、质量低，影响风控管理和金融服务

贸易金融横跨多个主体、多个环节的复杂场景，涉及行业面广、交易链条长，其数据来源多元且未标准化，数据获取门槛高、不及时，数据真实性、准确性难以保证等问题比较突出，因此较多金融机构无法利用现有数据准确识别和理解产业企业的业务场景，无法实现场景数字化和底层资产穿透，风控管理能力无

法得到系统提升，金融服务无法顺利开展，产业企业尤其是中小企业的融资难融资贵问题无法得到解决。

（二）打通数据壁垒，助推金融机构实现对产业企业场景的数字化和底层资产穿透

中国人民银行贸易金融区块链平台（以下简称平台）是由中国人民银行发起的联合多家上市公司共同打造的为贸易金融提供公共服务的金融基础设施。

在平台构建的过程中，中国人民银行广泛联结税务、海关、外汇等部门，制定数据采集、传输、存储、利用等标准，厘清数据的权属关系，打破"数据孤岛"，在一定程度上实现了多部门之间"总对总"的数据共享；平台充分吸收了分布式系统的优点，设计了新型的通信及存储架构，极大地提升了平台的适应性、可用性和可扩展性，并创新构建了面向服务切面的中间件组件，实现了异构系统柔性对接、业务数据透明传输、热点数据快速处理的目标。在此基础上，通过区块链等技术联结金融机构、产业企业、社会组织等，实现跨机构、跨平台、跨地区平台之间的互联互通，解决传统流程中各参与方无法通过同一平台协作处理相关业务流程的痛点，以区块链开源开放的技术特性，构建开放平台和开放生态。金融机构能够在平台上实时获取真实、准确、多维的产业企业数据及行业生态数据，助推实现场景的数字化和底层资产穿透，同时，可以在平台上开发业务应用并进行相应业务流程的操作和服务创新。另外，针对金融市场的监管需求，平台设计了适用于贸易金融生态的监管探针植入方法，创造性地解决了技术多样、业务多元、监管多策的治理难题，保证监

管由事后变为事中甚至事前。

在平台的支持下,中小企业申请贸易融资的平均放款期从10天左右缩短至两个小时,区块链的智能合约功能使数据信息采集、流通效率得到大幅提升,人工成本显著降低。截至2022年,平台上已经运行了供应链应收账款多级融资、央行再贴现快速通道、国际贸易账款监管、对外支付税务备案表等多项业务。2021年11月,中国人民银行数字货币研究所贸易金融区块链平台与中国香港贸易联动平台完成第二期项目对接,多个试点银行已可为企业客户办理跨境贸易业务;截至2021年底,平台共有14家银行参与,包括中国工商银行、中国银行、交通银行、汇丰银行(中国)、平安银行及中银香港、星展银行(香港)、香港恒生银行、汇丰银行、渣打银行(香港)、交银香港、法国巴黎银行香港分行、工银亚洲及平安壹账通银行。

十、案例总结与分析

纵观上述案例,数字时代围绕产业金融的创新探索都是通过充分利用数字技术推动产业金融数字化转型,解决银企间信息不对称问题,从而破解企业融资难题的。在这些创新探索中,各类机构担当的角色不同,探索的方式也不同,在探索中所涉及的产业应用场景非常丰富多元。同时,无论是金融机构、科技企业、平台机构、产业企业还是政府监管部门,其创新探索都离不开"场景""风控""生态"等关键词。例如,平安银行依靠自身科技能力搭建星云物联网平台打造"智慧车联"应用场景,以数据要素为基础对企业进行增信和监管,并在此基础上构建"买、用、转、养"四位一体的商用汽车服务生态。日照银行通过与科技公司合作，打造"黄海之链"平台，并在此基础上利用数字技术采集并分析各类数据，整合主体信用、物的信用和数据信用，建设更完备的风控模型，破解钢铁产业融资难融资贵问题，实现金融服务供给与需求的双向扩容。羚羊工业互联网平台基于人工智能等数字技术打通企业经营、交易、生产等数据，与金融机构共同建立工业互联网场景下的线上信用贷产品。农信互联通过打造猪联网数智生态平台，自建智能风控体系，为平台上的企业提供金融服务。国家电网通过打造"电e金服"平台，推动场景数字化发展，整合各类资源构建服务生态，升级和创新金融服务。中国人民银行通过搭建贸易金融区块链平台，利用区块链等数字技术打通数据壁垒，助推金融机构实现对产业企业场景数字化和底层资产穿透，为金融机构后续风控和服务升级提供支撑。

同时，产业金融的数字化创新实践催发了产业金融信用体系变化。

一是利用数字技术实现对底层可信资产的确权增信。一方面，通过5G、物联网、产业互联网等的部署，确认和预测抵质押物所处的环境、使用情况、实际耗损等，进一步掌握抵质押物的真实信息，在风险可控的前提下进行增信。例如，平安银行打造星云物联网平台，创新"智慧车联"应用场景为汽车产业提供包括增信在内的金融服务。另一方面，通过数字技术对企业的生产经营状况、上下游交易状况以及同行业、同模式、同体量企业进行系统分析，各类数据进行交叉验证，能够进一步确保企业财务的真实性。例如，"电e金服"集成贯通国家电网财务、营销、物资等内部数据，以及税务、工商等外部信息为企业应收账款融资发放及融资额度提升提供依据。在此基础上，传统的风控模式和融资模式得以升级。

二是利用数字技术揭示和管理以数据为基础的新型信用，构建更完备的产业金融信用体系。例如，日照银行提出构建由主体信用、物的信用和数据信用共同组成的产业金融信用体系，华夏银行提出创设数字信用，农信互联提出用户信用等新型信用补充原有的产业金融信用体系。这些新型信用的揭示能够让金融机构更好地看清、摸透、管住企业的底层资产和交易关系，更好地建立银企信任关系，从而创新风险管理模式和融资模式，提供更高质量的金融服务。

对于产业金融信用体系的不同理解

在产业金融数字化转型的大背景下，各类机构、专家学者都对产业金融信用体系提出了自己的理解。

工信部等19部门联合印发的《"十四五"促进中小企业发展规划》明确提出核心企业主体信用、交易标的物的信用，以及交易信息产生的数据信用三大信用形式。从文件对信用的限定词来看，物的信用主要是指抵质押物的信用，数据信用是指根据多维度信息的交叉验证所产生的信用，能够消除信息不对称，更准确地评估风险。

平安银行在开发数字贷产品的过程中，对以往独立的供应链金融产品进行了规则提炼，并综合运用物联网、大数据、人工智能、区块链等金融科技中台，以客户为中心，从主体信用、资产信用、交易信用三个维度对客户进行综合评价。平安银行并没有对上述信用做进一步说明。

徐淋涛等[1]提出要打造集"企业主体信任+结构化信任+数字模型信任"于一体的智能风控体系。企业主体信任主要针对的是企业主体的信用，结构化信任主要针对的是源于宏观或产业背景环境结构、企业间利益结构及人际关系网络结构的信用，数字模型信任主要针对的是从数据中产生的信用。

张健华[2]提出要创设数字信用。数字信用是指，通过持续对链圈上下游企业实控人信息、财务指标、交易数据以及外部公共数据的交叉验证，运用算法模型生成企业数字信用，对企业稳定经营和还款能力进行判断而产生的信用。数字信用的实质是将企业内在与外在的资产和交易关系数字化，通过这些数据产生的信用。

丁玲等[3]认为在市场信用领域，依托新一代数字技术手段，企业可连续采集采购、生产、流通、消费等全链条的动态信息，用于商品溯源和评估企业的信用——这是对传统企业信用信息的重要补充和改造。在公共信用领域，政府、协会可通过数字技术手段获取公共信用领域数据，识别信用风险级别，对守信企业采取适当奖励措施，对可能存在失信的企业实施预警措施，提高公共信用服务的质量和效率。

邵平[4]对交易信用的缘起、内涵、特征以及与主体信用的关系进行了系统研究，提出了"主体信用+交易信用"智能风控体系。他认

---

[1] 徐淋涛，相瑞.工业互联网产业金融服务场景建设探索与实践——基于国内商业银行视角[J].国际金融，2021（6）：23–28.

[2] 夏晖.产业数字金融探索之"华夏样本"[EB/OL]. https://www.bdcn-media.com/index.php/a/17765.html，2022–09–26.

[3] 丁玲，韩家平，答杰，等.数字时代的商务信用体系创新研究[J].征信，2021（9）：24–25.

[4] 邵平.数字经济时代产业金融风险管理创新[EB/OL]. https://mp.weixin.qq.com/s/8kl6iWvikWS-LsPU_c-0nQ，2022–01–27.

为，金融机构要开放观念，理解交易信用的逻辑[1]，可在确保交易信用安全可靠的基础上，逐步松绑对企业主体信用的过度依赖，惠及更多产业链上的中小企业[2]。

　　刘晓蕾[3]认为，随着新基建的推进，新冠肺炎疫情带动下的企业数字化转型有助于推动金融智能化，进而促进融资模式不再局限于主体信用而向资产信用与交易信用转化，真正解决中小企业融资难融资贵问题。此处的资产信用是指，以公司当前实际拥有或控制的资源作为公司未来履行义务的担保，立法者以资产信用为基础来构筑整个公司法体系，公司信用的高低取决于资产的数量和质量[4]。通过对资产信用理论的系统性研究，学术界普遍认为资产信用能够实现对以资本确定原则、资本维持作用和资本不变原则为基础的资本信用的突破，能够更好地反映公司价值和偿债的真实能力。

　　产业界、学术界对于数字时代信用体系的理解各异。但是，通过考察对信用体系的内涵和理解，我们可以得出一些共性的结论。总体来说，随着数字技术和大数据的创新应用，一方面，看不清、不可信的部分主体信用得以被穿透验真；另一方面，产业端的生产经营交易信息得以转变为有效信号，因为传统风控技术和风控理念限制而被湮没的信用得到了释放。

---

[1] 邵平.产业金融数字化的新机遇[J].中国金融，2020（8）：59.
[2] 邵平.产业金融数字化助力"双循环"[J].中国金融，2020（1）：101.
[3] 北大光华金融学系主任刘晓蕾：疫情后融资模式有望从主体信用向资产信用与交易信用转化[EB/OL].https://baijiahao.baidu.com/s?id=16621313054717926 71&wfr=spider&for=pc，2020-03-25.
[4] 赵旭东.从资本信用到资产信用[J].法学研究，2003（5）：118-122.

需要说明的是,主体信用和新型信用之间并非对立关系,新型信用不会取代主体信用,而是对主体信用的有益补充。主体信用风险指标被广泛使用、久经验证,新型信用作为观察和管理风险的创新视角,与主体信用结合形成的风险评估体系有助于金融机构更系统、精准地判断和把控风险。

第八章

产业数字金融的发展模式

在产业数字金融生态中，价值的直接创造者主要包括金融机构、科技公司和产业企业。按照价值的直接创造者进行划分，产业数字金融的发展模式有以下三种，分别是以金融机构为主导的模式、以科技公司为主导的模式，以及以产业企业为主导的模式（见图 8-1）。

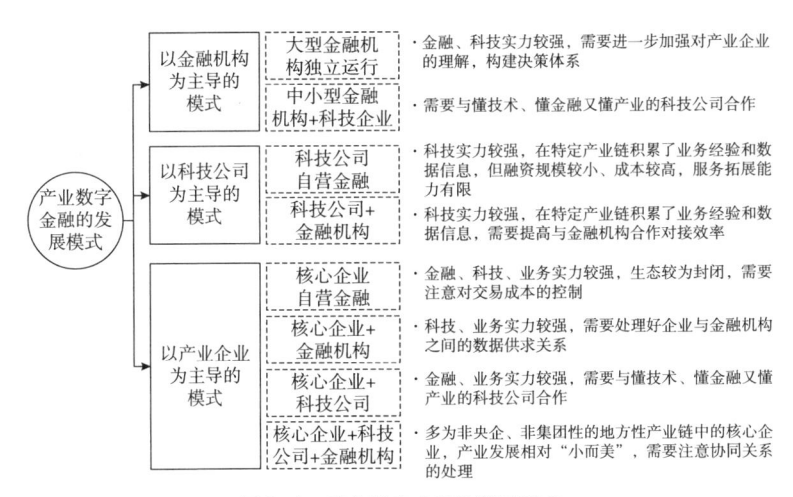

产业数字金融的发展模式	子类	说明
以金融机构为主导的模式	大型金融机构独立运行	金融、科技实力较强，需要进一步加强对产业企业的理解，构建决策体系
	中小型金融机构+科技企业	需要与懂技术、懂金融又懂产业的科技公司合作
以科技公司为主导的模式	科技公司自营金融	科技实力较强，在特定产业链积累了业务经验和数据信息，但融资规模较小、成本较高，服务拓展能力有限
	科技公司+金融机构	科技实力较强，在特定产业链积累了业务经验和数据信息，需要提高与金融机构合作对接效率
以产业企业为主导的模式	核心企业自营金融	金融、科技、业务实力较强，生态较为封闭，需要注意对交易成本的控制
	核心企业+金融机构	科技、业务实力较强，需要处理好企业与金融机构之间的数据供求关系
	核心企业+科技公司	金融、业务实力较强，需要与懂技术、懂金融又懂产业的科技公司合作
	核心企业+科技公司+金融机构	多为非央企、非集团性的地方性产业链中的核心企业，产业发展相对"小而美"，需要注意协同关系的处理

图 8-1　产业数字金融的发展模式

第八章　产业数字金融的发展模式

一、以金融机构为主导的模式

以金融机构为主导的模式主要由金融机构带动各生态方实践产业数字金融方法。目前，该模式的运行方式有以下两种。

一是对于资金和资源较为丰富、科技实力较强的大型金融机构而言，其依托于自身对产业金融行为信息的积累、沉淀和处理经验已经形成科技优势，有能力独立推动在业务场景化、资产数字化、风控智能化、经营服务生态化等方面的建设。一般而言，金融机构与链上的产业企业尤其是核心企业历史业务往来较多，积累了一定的信任和战略关系，但是对产业链供应链体系内企业间的业务模式、交易方式和信息数据不够了解，因而必须构建自身的决策体系。金融机构通过数字技术的创新应用可以有效地积累产业链供应链中各类企业的多维度信息，从而揭示交易信用，发展产业数字金融。

二是对于中小型金融机构而言，由于其受资金、人才等资源的限制，自身科技能力往往不足，独立进行技术创新及集成应用的难度较大，一般需要与懂技术、懂金融又懂产业的科技公司合作，推动产业数字金融发展。科技公司需要在集成来自产业企业、政府、公共服务平台、专业数据平台等各方数据的同时，协助金融机构以业务场景化、资产数字化等方式将产业场景端进行信息化、数字化升级，切入行业产业链供应链的底层业务中，在完成定制化数据信息的登记、采集、传输等的基础上，将产业端数据转化为具备金融属性的优质数据传导给金融机构，并帮助金融机构用对、用好这些数据，推动风控智能化、经营服务定制化及生态化发展。

该模式对科技公司的要求较高，科技公司需要懂技术、懂金融又懂产业，既能够根据不同的产业场景快速匹配、集成各类数字技术推进业务场景化、资产数字化等工作，对反映产业链发展特点、交易特征、风险特点等情况的数据信息能够及时、便捷、真实地传递和转化给金融机构，也能够明晰金融机构的风控和金融服务要求，对金融机构开展专业风控和金融服务所需要的数据指标、数据标准、数据传输、数据管理模式等有深度理解，赋能金融机构，做好智能风控和经营服务。同时，该类科技公司还需要具备较强的场景资源整合和利用数字化手段发现并释放价值的能力。

二、以科技公司为主导的模式

以科技公司为主导的模式主要由科技公司带动各生态方实践产业数字金融方法。按照科技公司是否自营金融为标准，可以将该模式进一步划分为科技公司自营金融形态和"科技公司＋金融机构"形态。

在科技公司自营金融形态中，科技公司既具备一定的科技能力，也是资金（自有资金、募集资金）提供方，往往已经在特定产业链场景开发等方面形成了信息化、数字化改造的共性能力，部分科技公司已经在某些地区搭建了产业链供应链、产业互联网等平台，与该地区的特定产业建立了比较稳固的合作关系，形成了相对成熟的互动反馈机制，积累了产业链上与生产经营相关的数据，能够在很大程度上理解并满足产业链企业的融资需求和技术需求。但相较于专业金融机构，该类科技公司的资金投放规模取决于自身的融资能力以及融资议价能力，因此并不能保证持续稳定的大规模资金供应，且产业端金融服务具有定制化的特征，产品服务开发成本较高，服务拓展能力有限。随着科技公司的不断发展，其将逐渐成为服务特定产业的产业数字金融平台，发展能力与特定产业的发展情况深度绑定，风险较为集中。部分产业互联网平台具有一定的封闭性，所有的交易活动、金融活动都在平台上完成，因此其对外发展空间有限。

在"科技公司＋金融机构"形态中，科技公司是指产业互联网平台，通过联合金融机构做好产业数字金融服务。产业互联网平台需要以开放的姿态和强大的技术能力联结产业与金融机构，做好产业与金融之间的"适配器"。在产业端，产业互联网平台需要通过技术或其他服务深入了解产业企业的融资需求，并在此基础上进行数据采集、整理和传输，可能需要协助产业企业对相应的软硬件设备进行数字升级，以便数据对接和转化。在金融端，产业互联网平台需要与金融机构进行充分沟通，就所需数据信息的质量、标准、传输要求、管理方式、转化目标进行界定，提高产业端数据对接和转化效率。

需要注意的是，产业互联网平台多是直接面向产业端而构建的，对于金融机构开展专业风控和金融服务所需要的数据指标、数据标准、数据传输、数据管理模式等需要深度理解和适应，并在与金融机构的合作中进一步提高对接效率。

三、以产业企业为主导的模式

以产业企业为主导的模式主要由产业企业带动各生态方实践

产业数字金融方法。此处的产业企业主要是指大型核心企业或者集团企业，以下统称"核心企业"。以核心企业是否自营金融和是否与科技公司合作为标准，可以将该模式进一步划分为以下四种形态：核心企业自营金融形态（核心企业自营金融且具备较强科技能力）、"核心企业 + 金融机构"形态（核心企业具备较强科技能力且与金融机构合作）、"核心企业 + 科技公司"形态（核心企业自营金融且与科技公司合作）、"核心企业 + 科技公司 + 金融机构"形态（核心企业同时与科技公司和金融机构合作）。

在核心企业自营金融形态中，核心企业既是资金提供方（由核心企业的内部财务公司、金融机构部分提供或全部提供资金），同时也具备较强的科技能力，能够完全依靠自身的力量实践产业数字金融方法。核心企业主要是国企、央企、大型企业集团等。该类核心企业往往具备较强的业务能力，拥有强大的供应链及供应链金融系统平台，且具有多年深耕产业链供应链的科技服务经验，对于数据采集、加工、处理已经形成了较为成熟的应用创新方法；融资能力较强，有足够的金融资源满足整个体系的需求。在此基础上，该类核心企业能够在体系内快速开展产业数字金融实践，且由于信息和资源都在体系内运行和处理，业务场景化、资产数字化、风控智能化、经营服务生态化等得以迅速推进，将金融、科技、产业资源的应用能力最大化。但也需要注意，产业数字金融的推进以及系统平台的搭建都是在核心企业所在系统内调控完成的，因此可能会存在强制、"二选一"等非市场化行为，导致综合成本上升。另外，由于信息和资金均来自系统内部，资金闭环、交易闭环、风控闭环等都在体系内完成，因此整个体系具有封闭的特征，对于外部市场具有一定的排他性。

在"核心企业 + 金融机构"形态中，核心企业一般拥有较为强大的科技平台，通过前期提供的供应链科技服务积累了各种供应链组织经验，沉淀了大量的数据。由于是体系内的平台，获取供应链内的数据相对容易，很多供应链平台经过简单的改造后就能够承担业务场景化、资产数字化、经营服务生态化等责任。但也需要注意，由于供应链上的企业基本都在平台上进行业务活动，而金融机构的客户也是该平台上的企业，因此有自证信用的可能；产业企业在构建产业数字金融相关平台的过程中，需要注意与金融机构相关接口和程序的适配性，处理好数据供求关系。

在"核心企业 + 科技公司"形态中，核心企业的内部财务公司、金融机构部分提供或全部提供系统内中小企业所需资金，且已经建立了供应链金融系统平台，但是不了解产业数字金融的做法，因此需要与懂技术、懂金融又懂产业的科技公司合作。科技公司能够在核心企业现有供应链金融系统平台的基础上进行升级，接口对接、程序互联、系统兼容等调试快、效率高，能够迅速完成业务场景化、资产数字化、风控智能化等工作。核心企业也能够迅速调动产业链上下游企业积极参与产业数字金融发展，高效推动经营服务生态化。

在"核心企业 + 科技公司 + 金融机构"形态中，懂金融、懂产业的科技公司提供科技支持，核心企业和金融机构合作提供资金。该模式中的核心企业一般是指非央企、非集团性的地方性产业链中的核心企业，产业发展相对"小而美"。但是也需要注意，该模式依赖三方协力推进，如何处理好各方的协同关系是一个关键问题。

第九章

构建更完备的产业金融信用体系

产业金融数字化实践能够催发产业金融信用体系变化。产业数字金融不仅是手段的创新，而且是风控技术和理念的创新，与之相匹配的产业金融信用体系也会随之发生变化。"主体信用＋交易信用"更完备的产业金融信用体系，就是与产业数字金融模式相匹配的信用体系。

一、交易信用与主体信用的区别

交易信用是指企业在交易过程中因预收账款或延期付款而产生借贷关系，将交易本身产生的现金流作为偿还债务的第一来源，实现自我清偿的能力。交易信用自古有之，但直到数字经济时代，数字技术手段能够捕捉各交易环节真实可信、多维动态、可追踪、可控制的"四流"数据，并形成交易闭环和资金闭环后，交易信用才得以揭示。这一概念强调交易项下的自我清偿性，以该笔交易项下的应收账款、货物、权益等作为押品和权利，更加适用于主体信用信息不充分、难验真，且缺乏传统抵质押物的中小企业。交易环节承载的是产业链上下游的价值创造，而价值的如期创造是中小企业自我清偿能力的来源与根基。交易信用通过对以往被淹没的、企业在生产经营交易过程中价值创造的揭示和释放，对产业金融的普惠化发展产生重要影响。交易信用的独特价值主要体现在以下四个方面。

一是交易信用重债项轻主体，对中小企业融资价值较大。交易数据来自交易过程中产生的商流、物流、资金流和信息流等数据。通过应用数字技术，收集和分析"四流"数据，对交易项下的货物、应收账款、预付账款或其他权益进行动态监控，验证交易背景的真实性，监测交易关键流程，强调通过交易产生的现金流偿还相应债务，实现资金闭环管理。突破核心企业增信确权的传统供应链金融风控模式，把焦点放在产业链中企业间的真实交易，从而将金融服务下沉至产业链中的二级、三级乃至若干级供应商和经销商。

二是交易信用更重时效性和准确性，对实现动态化及精细化的风险管理价值大。由于企业交易具有动态化、不稳定性等特点，因此对企业交易信用的揭示也需要具备实时和动态的特征。在数字技术赋能下，交易数据具备更实时、更高频、更连续、易验证、更多分析维度、数据量大和颗粒度细等特点，为交易信用的有效构建提供了可能。

三是交易信用重用信轻授信，对贷中、贷后风险管理价值大。交易信用能够基于单笔交易的审批（如出账审批）进行风险识别和应对，风险后移至执行环节，更加关注贷中反欺诈和贷后实时监控。数字技术赋能下的自动化、实时化、智能化的风控监控及预警，对金融机构存续期资产管理的体系完善及效率提升也具有积极意义。

四是交易信用对产业链供应链整体风险判断将起到越来越重要的作用。数字经济深化发展，企业资产轻型化和新型化趋势明显，产业分工进一步精细化、模块化，中小企业在产业链上的重要性与日俱增；产业链供应链关系进一步关联交织，交易关系越发复杂高频，市场主体间风险传导加速……仅依靠重主体轻关系、重历史数据轻实时数据、重授信轻用信的主体信用来判断和管理供应链产业链风险，将越来越无法满足新时期经济发展的需要。交易信用对风险的揭示模式与产业链供应链发展趋势相适应，对产业链供应链整体风险判断将起到越来越重要的作用。

主体信用与交易信用的对比见表9-1。

表9-1 主体信用与交易信用对比

	主体信用	交易信用
第一还款来源	企业自有资金、利润等	该笔交易产生的现金流
交易分析	重视主体整体情况（独立视角），对交易分析较少或者交易分析不是主要依据	重视作为还款第一来源的债项（产业链供应链上下游关系视角），重点关注交易过程中产生的风险点
数据基础	以主体数据为主，如企业财务、工商、征信数据等	以交易数据为主，如交易过程中产生的商流、物流、资金流、信息流等
指标特征	多基于历史数据，采用基本统计的汇总方法，具有相对滞后性、低频性、时点性、粗颗粒度等特点	数据更新较为及时，采用精准计量的多维分析，具有实时性、高频性、连续性、细颗粒度等特点
敞口风险的控制	强调抵质押物的担保措施	强调交易项下的自我清偿性
押品和权利	企业原有押品、存货等	该笔交易项下的应收账款、货物、权益等
背书方式	法律背书	法律背书与技术背书
贷款类型适用性	更适用于长期生产性贷款的风控	更适用于流动性或中短期生产性贷款的风控

续表

	主体信用	交易信用
企业适用性	适用于主体信用信息充分的大中型企业，但对于主体信用信息不充分或难验真的中小企业不适用	既适用于主体信用信息充分的大中型企业，也适用于主体信用信息不充分或难验真的中小企业

交易信用的构建基于从不同维度获取的交易相关数据。一是交易结果数据，如应收账款、应付账款、存货等数据，可以从企业的三张报表中获得；二是交易过程数据，如交易合同数据、销售和采购的订单数据、付款信息（发票数据等）、物流信息（提货、仓储入库等），以及物联网数据（资产入库状态）等从不同统计口径侧面反映的交易信息；三是其他反映企业运营情况的数据，如行政数据（企业缴纳的税收、水电费等社保信息）、舆情数据（工商舆情信息、司法舆情信息等），以及中国人民银行的企业征信数据等。同时，对这些交易数据还要从商流、物流、资金流、信息流的角度，对其交易背景进行交叉验证，以确保其真实性。值得注意的是，对于数据的获取，产业数字金融模式不仅关注多方数据源的数据整合，更关注一手实时数据的获取，后者更能保证数据的及时性、真实性和精准性。

二、构建"主体信用＋交易信用"更完备的产业金融信用体系

与产业数字金融相适应的产业金融信用体系主要由主体信用和交易信用构成。交易信用将交易本身产生的现金流作为偿还债务的第一来源，实现自我清偿的能力，具有重债项轻主体、重用信轻授信等特征，是主体信用的有益补充。目前，能够为揭示交

易信用而持续高质量供给、处理分析海量多维数据的数字技术已经成熟，以主体信用和交易信用共同构成的产业金融信用体系具有较强的稳定性和有效性。建立在"主体信用＋交易信用"信用体系基础上的风险评估体系更加完备，使金融机构更精准、更快地识别、判断、预警和处理风险（见图9–1）。

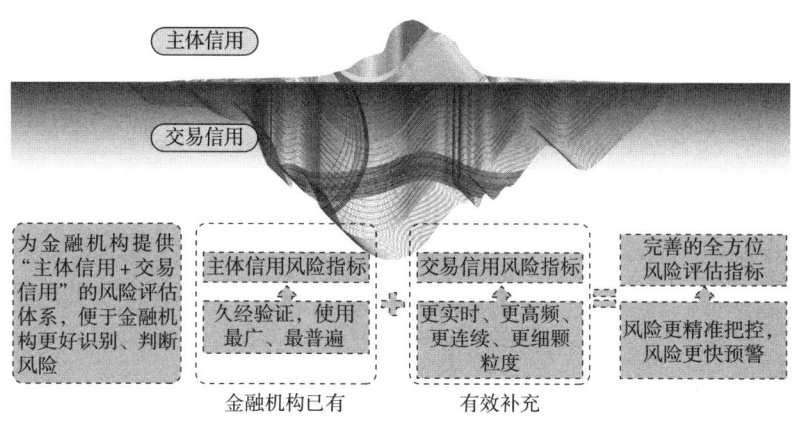

图9–1 "主体信用＋交易信用"更完备的产业金融信用体系

随着数字时代的不断发展，产业形态和发展模式会持续变化，更多维度、更高质量的数据会不断产生，数字技术的创新应用能够挖掘出更多、更新的数据价值，将来或许会有新型信用揭示。届时，新型信用也会被纳入产业数字金融的产业金融信用体系中。

第十章

产业数字金融的实践方法

前文研究了数字时代围绕产业金融的创新探索，为系统总结、提炼和创新产业数字金融的做法提供了启发性经验。在此基础上，本章结合对产业数字金融的理解，从理论和实践两个层面对实践产业数字金融的基本做法、思维和能力进行系统性探析，以期为生态各方探索更多更好的产业数字金融实现路径提供参考。

一、产业数字金融的基本做法

产业数字金融的基本做法包括业务场景化、资产数字化、风控智能化和经营服务生态化四个环节。

（一）业务场景化

业务场景化主要是指将场景为金融所用，使金融机构更好、更深入地理解产业企业的业务性质和特征，以及产业链上各企业之间的生产经营关系，掌握业务交易闭环的底层逻辑，进而深刻理解交易特征和各个交易节点上的风险特征，建立场景从真实世界到数字世界的可信映射，搭建产业端和金融端之间"以数为媒"的桥梁，让金融真正走进产业场景、看懂产业场景，为后续的风控智能化和经营服务生态化奠定基础。

业务场景的开发需要深入产业。不同的产业链供应链，同一产业链的不同企业，产业链相同但地区不同，其生产经营方式和运营模式存在重大差别，不同风险偏好的金融机构对于产业端场景开发的态度和方式也存在差异，因此，产业端场景的开发与消费端场景的开发存在显著的不同，前者是高度定制化的。尽管如此，业务场景的开发也有共性的规律和步骤。

首先，对行业进行深度调研，重点对场景端业务流程及数字化程度进行深度调研，以及对金融需求与产业数字金融供给能力进行调研。在这个阶段，要将金融服务生态圈，产业链、供应链和价值链，行业协会及自律组织各类产业互联网平台、数据平台等纳入调研，从更多维度、更宽广的视角探索场景的共性和个性，明确各生态方在场景中所承担的角色和发挥的价值。基于行业深度调研，制定场景数字化方案，重点明确数据类别、数据格式，形成技术方案；明确金融端与场景端的业务协同整体流程及数据交互流程；拟定数据采集方案，包括数据来源、数据采集范围、数据授权等的执行计划。

其次，进行数据加工，包括以下五个方面。一是数据分级分类，主要是根据数据管理、应用、安全保护、对象、敏感程度等维度对数据进行分级分类。二是数据脱敏，对敏感数据进行脱敏加工，保障数据安全。三是数据清洗，对海量非标准化数据进行检查、纠错、过滤、转换等预处理。对产业链各个场景的"数据孤岛"进行采集、清洗和汇总，形成整体数字空间。四是数据统计，根据业务需要进行数据统计分析。五是数据质量管理，对所采集、整理和加工的数据进行完整性、规范性、一致性、准确性、唯一性、关联性评估，并通过改善技术环节、优化系统作业流程等方式提升数据质量。

在理解场景的过程中，需要注意以下两点。

一是需要灵活应用先进的数字技术，以达到功能与目的相匹配的效果。例如，通过OCR（光学字符识别）、NLP（自然语言处理）等技术，从产业链交易过程的各种繁杂数据中提取结构化信息；通过RPA（机器人流程自动化）、脚本机器人等技术，自动对接采集工商、税务、舆情等三方数据；通过摄像头、激光雷达、温湿度传感器等物联网设备，采集生产经营和仓储物流的场景数据；通过机器视觉、目标识别等技术，实现对产业链场景的智能感知；通过大数据技术，对接产业链相关企业ERP、SAP（企业资源管理）、MES（制造执行系统）等海量数据并进行实时挖掘分析；通过区块链技术，保障存证数据的不可篡改，建立信任机制；通过隐私计算、联邦学习等技术，实现数据的可用不可见，消除信息安全隐患问题；通过ARIMA（差分自回归移动平均）、LSTM（长短期记忆）等时间序列分析算法，对企业供应链的进销存等关键生产要素进行精准预测。

二是需要根据需求和实际业务情况。根据不同融资场景的部署会体现出一定的共性和特性（见图10–1）。无论哪种贷款服务类别，都需要先实现产业数据对接，再根据类别进行相应的管理和部署，例如应收预付类的贷款服务，除了需要产业数据对接，还要有资产穿透、回款管理、产业交易管理、产业资产池管理、物流监控等设备部署；融资租赁类的贷款服务则主要需要租赁物监控等设备部署；货物质押类的贷款服务则主要需要电子仓单、货物监控、仓库监控、物流监控等功能设备部署。

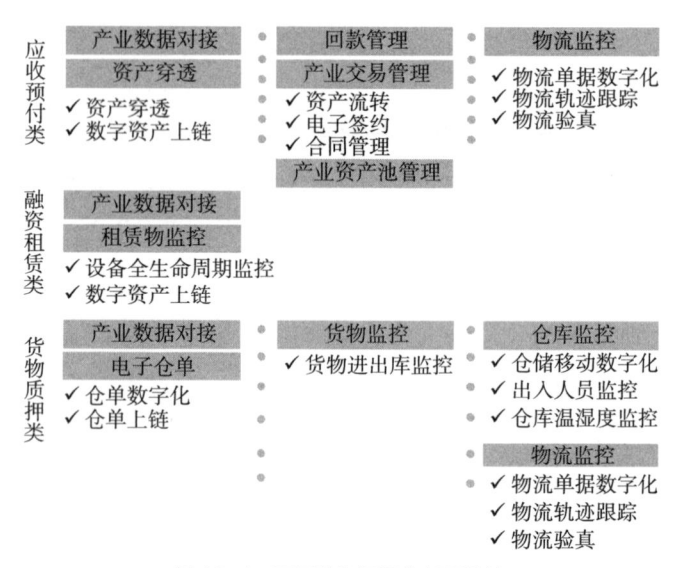

图 10-1 不同融资场景的部署共性

（二）资产数字化

资产数字化是指对底层资产进行数字化，从而实现资产的可穿透、可追踪、可控制。一般而言，业务场景化和资产数字化是同步进行的，因为在系统采集、整理数据后，对数据的分析不仅限于某一领域或类别的数据，而是对所有数据进行分析。在很多行业中，对场景进行数据分析本身也必须对底层资产进行分析，例如在货物运输行业，货车是底层资产，而货车的价格、型号、质量、使用年限、耗损等都是在业务场景化过程中必须分析的数据，因此，在实践中业务场景化和资产数字化往往是同时进行的。

资产数字化是在数据加工的基础上进行资产穿透和验真，使资产变为可信的数字资产。资产穿透主要有以下四项工作。一是产业资产穿透，对多维度采集的数据进行串联，实现交易逻辑的线上化再现。二是数据交叉比对，对多维度采集的数据进行一致性校验，验证数据的合理性、逻辑性。三是区块链存证，数据上链保存，确保数据不可篡改。四是资产可用性查证，获取产业资产数据，查证资产是否具备用于金融业务的基本条件。

资产验真主要是在资产穿透的基础上，通过资产全生命周期的一致性检查，确保逻辑自洽；通过细颗粒度单据的逐笔穿透和属性校验，确认数据完备性和内在关联性。采集第三方交易平台订单，进行交叉验证；采集核心企业上下游的数据，进行对比验证；采集工商变更、涉讼涉诉、主体负面舆情等第三方数据，辅助风险判断。

（三）风控智能化

风控智能化是产业数字金融基本做法的核心环节。业务场景化、资产数字化已经为风控智能化的开展提供了真实可信、可控制、可回溯、动态多维的数据。在风控智能化的过程中，基于不同产业链的特点，挖掘并分析数据信息，利用人工智能算法对风险进行智能预测与分析，提供有助于风险判断的补充性依据，实现对交易信用的充分揭示，从而助力金融机构形成"交易信用＋主体信用"相结合的风控管理体系，实现贯穿贷前、贷中、贷后全流程，以及针对不同场景、不同产业链供应链全方位、全链条的线上化、自动化、智能化风控。

风控智能化能够进一步优化风险管理方法论。传统的风险管理方法论主要有以下两个特征。一是过分依赖用户的借贷历史和行为，比如财务报表、历史行为数据等，采集的数据具有低维、低频、低可信度、粗颗粒度的特点，无法全面、客观、系统地反映中小企业真实的生产经营状况。二是采用评分卡模型和规则引擎等"强特征"进行风险评分，无法突出不同行业、不同类型企业的生产经营风险特征。因此，金融机构较倾向于贷款给行业发展稳定度高、经营安全性好、风险度低的大企业。而中小企业由于缺乏主体信用，以及可以证明主体信用的可靠凭证和抵质押物，即使事实上具备还款能力，金融机构仍然不敢向其提供贷款服务。产业数字金融进一步扩充和完善了传统的风险管理方法论。随着产业互联网不断发展，企业生产经营和交易环节被数字化穿透，构成了金融识别产业风险的数据原材料。同时，物联网、区块链、人工智能等数字技术的集成应用，使这些产业端数据具备了实时、高频、多维、来源真实、不可篡改等属性，从而能够客观反映产业企业的第一手生产经营交易情况，使金融机构从中小企业生产经营的"弱特征"入手进行风险评估，较为全面且系统地反映不同行业、不同类型企业的风险特点，实现了风险管理方法论的优化升级，使金融机构更全面和系统地理解风险、管理风险。"主体信用＋交易信用"更完备的风控体系就是新型风险管理方法论的重要实践成果。在风控智能化基础上构建的"主体信用＋交易信用"风控体系具备自动化、实时化、全流程、线上化、智能化等特征，有利于金融机构快速响应与及时决策；能够对贷前、贷中、贷后进行全流程数字化赋能，完善金融机构对存续期资产的管理，形成风险管理闭环。

（四）经营服务生态化

经营服务生态化是指通过产业场景和融资场景聚合，生态对接，构建经营服务数字生态，实现产业数字金融生态各方共享共创。经营服务生态化建设需要推动场景化金融建设，打造开放平台体系，全面推动场景聚合、生态对接，在建立新型生态的同时构建新型价值创造体系。

第一，推动场景化金融建设。以生态服务平台为载体，积极发展基于交易数据的场景化金融。通过数字技术，加强生态服务平台与各类交易场景对接，使产业金融服务渗透到产业链核心企业及其上下游企业生产经营的各个环节，打通金融、生产、仓储、物流等的产业链闭环，建立交易数据生态圈，系统性地深度理解企业生产经营模式和情况，并在得到产业企业授权的前提下实现生态圈数据有效共享，帮助产业链各参与方打破信息不对称的困境，避免劣币驱逐良币。在此基础上，产业金融服务不再局限于简单的资金融出，而是能够涵盖企业从原材料采集、生产、仓储、运输、销售等各个环节所需要的金融服务，比如账户管理、结算服务、现金流管理、咨询顾问等。生态服务平台沉淀的数据信息可以为各类生态主体提供对产业企业发展的洞察，除了能为优化金融服务提供原材料，还能帮助生态主体开拓经营管理咨询、产品研发建议、数字化转型方案、人才培养计划等非金融服务。交易数据生态圈中的多维、实时、动态、可追溯、可控制、可信任数据可以反馈到产业链数字化平台和智能风控平台，进一步提升业务场景化、资产数字化水平和风控管理能力。

第二，通过 API、H5（超文本标记语言的第五次重大修改）、SDK 等方式打造开放银行体系。推动生态服务平台与各类产业互联网平台、交易平台、数据平台、研究机构、行业协会等跨界互联，打破"信息孤岛""数据烟囱"，进一步丰富交易场景，增加对交易场景的认知，推动智慧、资源、能力等的线上化和数字化，打造综合服务生态圈。建立主动沟通协调、联动发展的实时反馈机制，更好地掌握产业金融发展过程中的痛点和难点，为各类生态主体打造高质量稳定发展的通道，建立互促共赢关系。

二、金融机构的三大思维

产业数字金融为金融机构带来了全新的产业链思维、闭环思维和门户思维，能够更好地确保业务场景化、资产数字化、风控智能化和经营服务生态化的顺利执行。

产业链思维，是指通过业务场景化、资产数字化、风控智能化和经营服务生态化建设，推动产业金融服务从零散单一或局部产业链的企业服务向全方位、各环节的产业链服务转变；通过更好地理解链上企业生产经营实际，帮助金融机构实时、动态、准确地捕捉链上各环节、各方面产业链融资需求的痛点和难点，推出具有精准性、定制化特征的产品服务，强化上下游业务合作，使产业链条更加紧密，在提高资源配置效率的同时增强产业链的安全性和稳定性。

闭环思维，是指通过建立对交易数据的全方位监控预警机制，实现对产业链上交易场景各环节的数字化监控；通过对商流、物流、信息流、资金流等交易数据的智能识别和交叉验证进行资产确权验真，保证交易关系的真实性；在此基础上深化全产业链的数字化金融过程管理，实现全流程的资金管理和风控管理，形成闭环，全面降低风控成本和资金成本。

门户[①]思维，是指通过搭建数字门户等手段，实现新老系统的耦合、新业务和存量业务的有效衔接，并在顺应数字时代发展趋势的基础上，以开放包容的心态拥抱各类生态相关方深度参与产业金融新生态的建设，坚持开放融合发展，打破行业壁垒、部门界限、产品界限，以开放融合促创新、创价值，推动产业、金融、科技价值共生的生态共同体，打造数字时代价值共生的新型合作关系。

三、金融机构需具备的三项能力底座

《关于银行业保险业数字化转型的指导意见》中明确提出，银行等金融机构要做好数据能力建设、科技能力建设和风险防范工作。其中，数据处理能力、科技建构能力和安全防范能力分别是上述三项工作的基础，其能力水平的高低直接关系到产业数字金融实践能否顺利开展及发挥价值。因此，银行等金融机构需要系统评估自身上述三项能力并查漏补缺，为产业数字金融模式的高效应用做好准备。

（一）数据处理能力

数据处理能力，即将多维、动态数据信息转化为可用于产业数字金融有效数据的能力，具体而言是识别信息、精炼信息、转换信息和传递信息的能力[②]。

---

① 在网络领域，门户是指集成多样化内容服务的网络站点。此处是指能够打通系统内外部连接的载体，具有很强的开放性、包容性和可延展性。
② 孙雪峰.供应链金融：信用赋能未来［M］.北京：机械工业出版社，2020.

识别信息是指在海量信息中捕捉有效信息。在大数据时代，信息的记录和获取不再是难题，但信息的爆炸式增长也导致了大量冗余信息的出现，并且产生信息的渠道和来源也五花八门、参差不齐。产业数字金融的实施主体必须从大量的无效信息中识别出有用的部分，同时也要保障信息来源和渠道的权威性和有效性。

精炼信息是指将已经识别出的有效信息中的无效部分剔除。产业企业能够产生的信息和金融机构需要的信息必定是不同的，即便是通过信息中介识别出的信息，其中仍然包括对于信息需求方无意义的内容。因此，产业数字金融的实施主体应该充分了解信息供给方和信息需求方的状态，从而尽量地精简有效信息，过滤没有针对性的部分，使有效信息更具针对性。

转换信息是指将信息转换为需求方所需要的形式。从某种意义上讲，形式转换是一种结构化处理信息的过程。产业数字金融的实施主体从产业企业获得的信息经过识别和过滤后仍然是原始的信息（提供方视角的信息），为了使信息需求方花费最少的精力就可以看懂，需要产业数字金融的实施主体具有结构化处理信息的能力。

传递信息是指将转换后的结构信息有效触达金融机构。有效的资金供给方往往不止一个，经过转换后的成品信息只有有效传递给资金供给方才会形成真正的信用。因此，产业数字金融的实施主体还需要有能力和渠道将转换后的结构信息有针对性和优先次序地传达给不同的金融机构，才能最终完成将原始信息转换成信用的全过程。

（二）科技建构能力

科技能力建设需要从以下四个方面入手。一是做好平台基础设施建设。产业数字金融实施主体需要根据机构自身实际情况建立数据中心系统平台，以及相应的物联平台、监控平台等，加强平台间互联互通，注重系统平台的开放性，构建多中心、多活架构；在此基础上建立自动化、智能化运维体系，建立前端敏态、后端稳态的运行模式。二是搭建新型系统架构。采用组件化、开放化、微服务、分布式等理念设计新型系统架构，或推动传统架构向该系统架构转型，统筹建立前、中、后台数字化服务系统；在主要业务系统实现平台化、模块化、服务化的基础上，推动共性业务功能的标准化和模块化建设。三是推动科技管理敏捷机制建设。重点打造敏稳双态的数字化管理体系，推动一站式研发平台建设，支撑研发管理与技术工程实践落地。四是积极构建或参与金融科技生态，联动生态各方提高数字化技术集成创新应用水平。

（三）安全防范能力

增强安全防范意识，重点做好网络安全和数据安全工作。

网络安全是产业数字金融能够利用数字技术和数据要素发挥价值的重要前提。中国银保监会在《关于银行业保险业数字化转型的指导意见》中明确提出要强化网络完全防护。数字技术和数据要素的创新应用能够推动产业数字金融的发展，但也会带来一定的风险，且风险的传播力度和速度倍增。因此，如何强化网络安全防护是产业数字金融生态各方需要重点关注的问题。

首先，产业数字金融生态各方需要贯彻落实《中华人民共和国网络安全法》，制定和实施网络安全等级保护制度和关键信息基础设施安全保护的制度。严格按照相关法律法规、安全标准体系运用新技术，建立安全评估、运维保障、应急处理等体制机制，塑造良好的安全环境。其次，加强产业数字金融生态安全防护，强化各生态方合作的网络安全风险监测与隔离，重点监测高频数据传输存储场景、网络数据信息交换场景等。充分利用态势感知、威胁情报、大数据等手段，持续提高网络安全风险监测、预警和应急处置能力，加强生态各方协同联动。建立开放平台安全管理规范，提高业务逻辑安全管理能力。

金融是产生和积累数据量最大、数据类型最丰富的领域之一，因此，数据安全对产业数字金融的正常运作至关重要。根据《中华人民共和国数据安全法》，数据安全是指通过采取必要措施，确保数据处于有效保护和合法利用的状态，以及具备保障持续安全状态的能力。

一方面，数据安全意味着数据本身的安全，主要是指采用现代密码算法对数据进行主动保护，例如数据保密、数据完整性、双向强身份认证等。产业数字金融模式的相关参与方应不断完善各类产业数字金融平台系统的密码算法。另一方面，数据安全也意味着数据防护的安全，主要是采用现代信息存储手段和安全防护体系对数据进行主动防护。产业数字金融模式的相关参与方应在做好磁盘阵列、数据备份、异地容灾等基础防范措施以外，重点创新应用"零信任"技术，例如身份识别与访问管理技术、微隔离技术、软件定义边界技术等（见表10-1）。

表 10-1 "零信任"技术

"零信任"技术	定义	优势	特点
身份识别与访问管理技术	以访问主体的身份为策略执行组件,其产品形式一般为"IAM(身份识别与访问管理)+SSO(单点登录)",即将企业资源登录系统与身份管理系统对接,授权用户采用单点登录访问	灵活度高,兼容性强,既适合企业私有化部署,也适合SaaS	用于资源之间彼此的访问关系授权
微隔离技术	将数据中心内部所有的业务按照特定的原则划分为数个微小的网络节点,根据动态策略分析对这些节点执行访问控制,在逻辑上将这些节点隔离开,限制用户横向移动	深度嵌入业务体系,构建自适应的内生安全机制	用于实现东西向安全(服务器与服务器之间的安全)
软件定义边界技术	以通用设备经软件定义(网关)作为策略执行组件的方案,其产品形式一般为"客户端代理+通用设备"。该网关默认隐藏所有端口,且采用先授权、再连接的方式响应客户端请求,将企业核心资源置于网关后隐藏,授权用户采用客户端代理访问	先认证,再连接,拒绝一切非法连接请求,有效缩小暴露面,避免业务被扫描探测以及应用层分布式拒绝服务攻击	用于实现南北向安全(用户与服务器之间的安全)

另外,产业数字金融模式的相关参与方应着力构建覆盖数据全生命周期的安全防护体系,不断升级技术安全防控系统,在每个节点设置安全阀,制定应急预案,将数据泄露风险降至最低;进行数据安全分类分级管理,根据数据安全性遭受破坏后可能造

成的影响，定义不同类别、不同等级的数据价值，制定不同的数据权限和管理审批流程；建立数据安全工作责任制，明确主体责任，落实问责考核，增强合规意识。

第四篇

发展产业数字金融的建议与展望

当前，我国数字经济发展进入快车道，产业金融服务的数字化转型也正在蓄势发展。为了更好地理解和发挥产业数字金融在服务经济高质量发展及构建新发展格局中的作用，本篇在分析产业数字金融发展所面临的难点与挑战的基础上，就如何稳中求进、行稳致远提出意见和建议。

第十一章

产业数字金融的关键问题及挑战

产业金融在产业数字化、数字产业化的大背景下，即将迎来产业数字金融的全新发展阶段。作为创新事物，产业数字金融的发展尚处于早期阶段，不可避免地面临着问题及挑战。对其进行梳理和分析，有助于及时、准确地把握发展产业数字金融的关键问题，为统筹有序推进产业数字金融在经济发展中创造更大价值奠定基础。

一、中小微企业数字化程度低、进度慢，数字化转型动力不足

产业数字金融为解决中小企业融资难融资贵问题，首先有赖于产业端的数字化场景。我国中小企业数字化转型取得积极进展，但相较于大型企业，绝大部分中小企业仍处于数字化转型的初级阶段，数字化转型之路道阻且长。中国电子技术标准化研究院发布的《中小企业数字化转型分析报告（2021）》显示，2021年，约79%的中小企业处于数字化转型的初步探索阶段，约12%的中小企业处于应用践行阶段，达到深度应用阶段的中小企业占比仅为9%。同时，各行业间的数字化转型进程差

异较明显，汽车、仪器仪表、电子等行业数字化转型水平相对较高，而纺织、化纤、木材加工、金属冶炼等行业数字化转型水平较低。

中小企业信息技术基础薄弱、缺乏复合型人才，数字化转型进程缓慢。中小企业数字化基础和转型条件较为薄弱，尤其是数字化装备应用比例、生产过程信息系统的覆盖率和设备的联网率都非常低，导致中小企业数字化转型进程缓慢。有关调研数据显示，采用 ERP 和 CRM（客户关系管理）方案的中小企业占比仅为 20%，在企业生产、运输、销售及管理等环节使用大数据分析技术为决策提供支持的中小企业占比仅为 5%，通过大数据分析、云计算和工业互联网等信息化手段，在中小企业进行精准营销、智能化生产、科学决策等尚未普及。[①] 在既有相对廉价的数字化技术与应用无法支撑企业升级时，不少企业只能选择基于当前技术与行业优势深耕细作，而不得不搁浅数字化转型。另外，既懂数字化又懂专业知识的复合型人才培养难度大，中小企业对相应人才的吸引力不够，很难规模化培养和引进大批复合型人才，缺乏贯彻执行数字化转型的人才支撑，数字化转型任重道远。

由于中小企业对数字化转型引起的生产经营管理方式转变不适应，且转型成本较高、预期的不确定性较强，其数字化转型动力不足。数字化转型会使中小企业的生产经营管理更加标准化、规范化、体系化，而部分中小企业担心数字化转型会影响现有生

---

① 赛迪工业和信息化研究院.赛迪观点：破解中小企业数字化转型困局的三点思考［EB/OL］. https://baijiahao.baidu.com/s?id=1745358421197078020&wfr=spider&for=pc, 2022-09-30.

产经营管理的灵活性，因此存在一定的抵触心理。同时，在数字化转型的过程中，数据信息进一步透明化，这会引发企业对数据泄露、商业机密外泄的进一步担忧。与消费端的数字化场景不同，产业端的数字化存在标准化程度较低、无统一的"公式"可抄，定制成本高，不确定性强等问题。另外，由于产业链场景数据格式与内容个性化程度高，数据快速采集和分析难度较大，数据接入成本也较高。新冠肺炎疫情防控期间中小微企业用于企业运营的基本支出接近50%，可用于数字化转型的资金明显不足。国家统计局数据显示，2022年1月到2023年4月中小企业尤其是小型企业的PMI（采购经理指数）长期低于50%的临界点，中小企业的生存发展压力较大（见图11-1）。综合来看，短期内中小企业数字化转型的进程不会太快。[①]

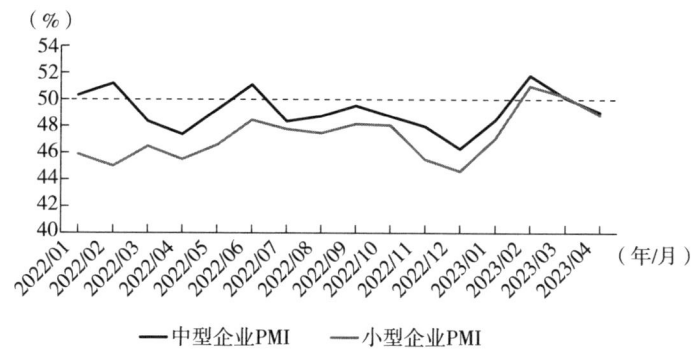

图11-1　2022年1月到2023年4月中小企业的PMI

资料来源：国家统计局。

---

① 李涵，吴雨，邱伟松，甘犁.新冠肺炎疫情对我国中小企业的影响：阶段性报告[J].中国科学基金，2020（6）：749-753.

二、产业链供应链内部数字化程度不一、数据异质性强等特点强化了"数据孤岛"

产业端数字化进程无法实现在各企业、各部门之间的齐头并进，产业链各主体之间存在着天然的数据流动壁垒，数据难以跨企业流动，甚至在同一家企业的不同生产经营管理环节中，数字化接口、通信协议、数据采集模式都不尽相同[1]，从而导致无法协同，"数据孤岛"进一步被强化。

产业端数据异质性较强，所采集的企业数据即使维度和来源相同，其表现形式、涵盖范围、波动规律等也有较大差别。各企业、各部门所掌握的数据很难直接跨领域、跨部门共享使用，需要经过规范化、标准化的调试使数据具备可理解性和通用性特征后才能进行数据合作，这实际上提高了企业间和部门间的协同难度，抬高了基于数据融通的产业数字金融价值发挥的门槛。

三、产业金融数据的复杂性对大数据处理技术提出更高要求

数据资源是产业数字金融的原料。原料的质量是数据价值实现的基础。

首先，需要采集数据。产业数字金融所需的数据原料，既包括现有可获得的数据，也包括需要定制化开发的数据。对于来自包括互联网、内部管理系统、第三方数据公司等在内的现有可获得的数据，有必要甄别和选择针对特定产业企业和场景的数据；

---

[1] 赵卫星.共建产业数字金融新生态［J］.中国银行业，2021（3）：49.

而对于那些在已有数据库中不存在的数据信息，特别是实时动态数据，如何通过恰当的技术实现数据的实时获取和传输，并确保数据传输过程中的安全则是关键问题。

其次，需要进行数据清洗。由于从关于某一主题数据仓库中提取的数据可能来自多个系统，不可避免地会包含不完整的、错误的、重复的数据，因此需要借助工具，按照一定的规则清理这些"脏"的数据，以确保后续分析结果的准确性。这个过程就对相关技术提出了要求：以什么标准决定数据取舍与数据增补？用什么方式实现？这些都是技术发展所面临的挑战。

最后，需要维护"干净"的数据。由于产业数字金融所需数据具有实时性和动态性，因此需要一套完善的数据维护和更新机制。

只有解决了这些大数据处理的具体问题，各主体才能基于开放能力，挖掘、提炼并发挥产业端的数据价值。

四、精细化定制化场景，挑战数据特征提炼能力

产业金融服务区别于零售金融的最显著之处在于其复杂性和异构性，不同产业的数据要素特点不同，定制化的要求高，需要对产业有深度理解的团队进行数据对接和整理，提炼数据信息，挖掘数据价值。面对各类精细化的场景，若要充分利用数据来还原抽象出底层的产业逻辑与场景意义，则既懂金融又懂产业，能够作为产业实体和金融机构，特别是中小金融机构之间的"转换器""适配器"的科技企业就十分重要，但具备该条件的科技公司并不常见。

五、数据资源管理[①]模式亟待探索

高质量的数字化发展需要规范化的数据资源管理模式。在产业金融生态中，数据资源管理不仅限于数据标准的制定，还包括数据安全管理、模型以及模型使用等涉及数据的过程。

产业金融生态中存在各类主体，它们对于信息和数据资源管理的松紧程度不一，应有统一的标准规范。数据标准是为保障数据的内外部使用和交换的一致性及准确性而制定的规范性约束。而数据标准管理则是一套由管理制度、管控流程、技术工具共同组成的体系，通过推广这套体系，应用统一的数据定义、数据分类、记录格式和转换、编码等实现数据的标准化。尤其需要注意的是，中小企业管理的规范性和科学性相对于大型企业而言较弱，对于数据资源的重视程度也较低，因此存在天然的数据湮没现象，需要提出针对产业的规范化数据资源管理模式，以帮助中小企业留存数据、保护数据，建立起有效且可持续的数据资源积累机制。

数据质量是提炼数据价值的基础，运用数据资产并建立科学有效的模型是输出端最关心的问题，因此模型的使用与结果鉴别也是数据管理的重要一环。科学分析数据、有效构建模型是数字化推动科技赋能业务发展的关键。但由于数据噪声的影响，在挖掘数据与设计模型时，剔除无关变量、保证模型有效性、规避模型引发的系统性风险等问题，值得业内人士与数据科学专家等共

---

① 根据数据管理协会的定义："数据资源管理，致力于发展处理企业数据生命周期的适当的建构、策略、实践和程序。"数据资源管理的常见内容包括数据分析、数据建模、数据库管理、数据仓库、数据挖掘、数据安全、数据集成等。

同探索。此外，以何种模式展现何种数据同样是摆在我们面前的重要课题。将不同来源的数据整合在一起的数据集成是获得更有价值的视图的过程，有助于产业金融生态的各个主体更快、更好地做出决策。

在确保数据质量的前提下，数据安全是维护金融安全的重中之重。为了确保外部数据来源合法合规，金融行业数据安全的要求需要向科技公司、互联网平台、产业端企业等第三方进行有效的传导，以实现标准化数据全生命周期管理。

六、金融机构产业数字金融服务系统前期投入大，业务上量慢，内部质疑多

与消费数字金融不同，产业数字金融服务"千链千面"，需要根据不同产业链的实际情况和需求进行定制化场景和系统的搭建，因此业务上量慢，规模经济表现不如消费端显著。对于金融机构的科技部门而言，搭建产业数字金融服务系统的前期投入大、成本高、见效慢，因此会对产业数字金融服务的效果产生一定质疑。

但是实际上，在产业数字金融服务系统搭建完成后，产业数字金融模式能够深挖场景数据价值，全面提升产业金融效能，为金融机构带来持续且稳定的回报。另外，金融机构可以与既懂金融又懂产业的科技公司合作，在科技公司积累的对特定产业链场景开发的共性能力的基础上，进行定制化开发与迭代，从而降低系统部署的资金与时间成本，提高效率。

七、金融机构对数字化转型的理解参差不齐，理念转变较慢

当前，新一轮科技革命和产业变革深入发展，数字化转型已经成为大势所趋。金融机构一直处于我国科技应用实践的前沿，在进入数字时代后积极开展数字技术的创新应用，取得了一定成绩。但是，金融机构对数字化转型的理解参差不齐，部分理解还存在一定的片面性。金融机构需要深刻理解数字化转型的实质是价值创造模式的改变，是业务流程的再造，同时也是风控理念的升级。主体信用风险指标被广泛使用、久经验证，是一种比较可靠的揭示风险的方式，因此传统的重抵押轻还款能力、重第二还款来源轻第一还款来源的信贷理念和模式[1]依然较为普遍，而交易信用作为观察和管理风险的创新视角，金融机构对其接纳、理解及应用尚需要一定时间。

---

[1] 阮健弘，赵增德，叶欢，等.成本结构与企业升级转型——基于服务主导逻辑的研究［J］.武汉金融，2021（4）：14.

第十二章

产业数字金融的实践及建议

在产业数字金融生态中,金融、科技、产业、政府等既相互联结,又彼此独立的世界会从有限的业务联结转变为无限的生态联结,因此,要行稳致远地发展产业数字金融,需要更加注重金融机构、科技公司、产业企业、政府部门、监管机构等的对立统一关系,统筹生态各方行动,推动协同发展,构建开放合作、价值共生的产业数字金融生态。另外,产业数字金融的发展需要汲取消费数字金融发展的经验教训。我国消费互联网的快速发展带来了消费数字金融的繁荣发展,金融机构与大科技公司在个人金融产品营销和服务、线上渠道拓展、产品服务等方面锐意创新,取得了不错的成绩,使人民群众日益增长的金融需要得到了较好满足,在移动支付、数字普惠金融等领域的实践处于国际领先地位,为全球数字金融的发展提供了有益的中国方案。虽然我国在数据隐私保护、消费者适当性、核心能力外包等方面也走过弯路,但总体而言,个人金融服务的数字化转型卓有成效并已步入深水区,同时,其发展过程中积累的经验教训对产业数字金融行稳致远的发展也有诸多借鉴意义。

为了更好地发展产业数字金融,发挥其在服务经济高质量发展、构建新发展格局中的作用，本章基于对产业数字金融生态的理解，结合消费数字金融发展的经验教训以及产业数字金融的关键问题及挑战，提出若干意见和建议。

一、"专业的人做专业的事"，积极构建开放合作、价值共生的产业数字金融生态

产业数字金融生态的建设需要"专业的人做专业的事"。《产业数字金融研究报告（2021）》显示，当前我国产业金融规模接近300万亿元，其市场体量是消费金融的若干倍[①]，专业性尤其是金融风控的专业性要求也上了一个台阶。因此，产业数字金融的建设需要生态主体各司其职，取长补短，共同参与。其中，金融机构提供专业的金融服务，科技公司提供数字技术赋能、搭建好金融机构与产业端"以数为媒"的桥梁，产业端做好企业尤其是中小微企业的数字化转型，政府及监管机构提供友好的基础设施、政策与制度保障。同时，生态各方需要在安全可控的前提下，秉承开放生态的战略与心态，实现数据资源的融通共享，实现金融与实体经济的深度融合。

值得注意的是，"专业的人做专业的事"既是产业数字金融生态建设的需要，也是产业金融生态各方在数字时代更好地生存发展的客观要求。一方面，产业端风控不同于消费端风控，一旦出现较大的风险，就会导致单个项目损失更大，且波及的不仅是

---

① 黄奇帆.推进金融供给侧结构性改革的若干框架性思考[J].国家创新发展战略，2022（3）.

单个企业，还有可能扩展到整个产业链，因此产业端金融对风险的容忍度相较于消费端金融更低，对风控的要求更高，需要高度定制化。另一方面，数字科技是一个庞大的技术生态。据美国科学技术学会统计，目前全世界纳入数字科技纲目下的技术门类已超过1万种。数字时代的产业金融服务要根据不同的产业场景集成和迭代不同的技术方案，但是金融机构尤其是中小金融机构很难全盘掌握数字技术定制化集成和迭代的方式，因此，只有"专业的人做专业的事"，金融机构、科技公司、产业企业、政府部门、监管机构等多方携手共建生态，才能使产业数字金融服务效率更大化，生态各方也才能够在数字时代走得更稳、走得更远。

二、构筑产业互联网时代下的新型金融机构与科技公司的合作关系

在消费互联网时代，金融机构和科技公司的合作关系主要有两种。一种是科技公司为金融机构的信息化、数字化提供纯技术服务，例如新软件开发与技术支持、系统备份和灾难恢复等；另一种是科技公司为金融机构提供客户触达或"助贷"服务，这种合作关系本质上没有提升金融机构的风控能力和客户服务能力，有较高的外包风险，部分金融机构甚至沦为科技公司的"取款机"。

与消费互联网时代的情况不同，在产业互联网时代下金融机构与科技企业的合作关系应当是一种长期的战略合作与价值共创关系。一方面，科技公司应当汲取消费互联网时代的经验，不做金融、不抢占金融机构的市场，专注于金融科技能力的提升，帮助金融机构看清、看透产业，制定和提供定制化、特色化的服务

方案，帮助金融机构扩大服务覆盖面。另一方面，科技公司要秉承"成人达己"的理念，切实提高金融机构在产业端的风控能力和服务能力，建立与金融机构在技术和业务方面的长期合作关系，与金融机构一同成长，这也符合数字时代价值共生的客观规律。

三、进一步提升金融机构数据管理与治理能力

建设产业数字金融，科技是基础，数据是关键。金融机构要制定以大数据为关键词的发展战略方针，坚持问题导向、系统观念，建立自上而下、协调一致的数据治理体系，搭建覆盖全生命周期的数据资产管理和治理体系，运用科技手段推动数据治理系统化、自动化和智能化。协调推进各部门数字化进程，建设各业务条线数据团队并明确其职能，打破"数据孤岛"，促进部门间数据合理流动和开放共享。

进一步优化数据资源管理，保证数据质量。搭建企业级大数据平台，优化和完善如管理信息系统、联机分析处理、数据集市、数据仓库以及大数据存储和计算平台等数据基础设施和应用系统平台，有效整合金融机构内部数据资源，为金融数据要素潜在价值的充分挖掘提供基础性技术和业务支持，实现全域数据的统一管理、集中开发和融合共享；构建面向各种应用场景的柔性化业务和技术平台，提出跨区域、跨产业、跨场景的数据统一管理办法，为前台业务和应用提供安全、规范、稳健、高效的支持与服务环境。[1] 金融机构可以与既懂金融又懂产业的科技公司合

---

[1] 黄国平. 我国金融数据治理体系的创新与发展［EB/OL］. https://www.financialnews.com.cn/ll/sx/202205/t20220516_246423.html，2022–05–16.

作，做好精细化、定制化场景的开发工作，帮助做好数据采集、清洗、维护等专业工作。为了保证数据的质量，金融机构应建立健全数据质量管理办法与技术规范，形成以数据认责为基础的数据质量管控机制，从数据来源处把控质量，强化共用数据和基础性数据管理并完善数据使用权限机制，以数据标准体系提升数据质量。

金融机构之间可以凝聚共识，加强彼此间数据开放、合作、共享，推动数据共治。例如，中国银行搭建了跨行客户信息共享平台，金融机构及相关参与者在加入该平台后，可在业务上参与客户信息共享交易行为，在技术上参与交易共识和信息存证的数据行为，实现多方平等参与客户数据和信息共享，从而打破"数据孤岛"，提升商业银行等机构客户管理水平，促进同业交流，提高监管效率，降低合规成本。①

四、加强数据安全保护，防范模型和算法风险

首先，加强数据安全保护。数据在采集、共享、分析、流动和使用过程中会面临不同层面的风险，其中包括数据所有权不清、数据安全、数据传输的及时性和数据连接的连续性等风险问题。《网络数据安全标准体系建设指南》为数据管理提供了制度保障，未来需要行业内各企业主动提高数据安全技术能力，建立统一、高效、协同的网络安全管理体系，做好信息保护和数据安全管理，完善数据安全管理体系。特别是对于交由第三方处理的

---

① 黄国平.我国金融数据治理体系的创新与发展［EB/OL］. https://www.financialnews.com.cn/ll/sx/202205/t20220516_246423.html，2022-05-16.

数据，更要加强合作安全评估，应遵循最小、必要原则进行脱敏处理（国家法律法规及行业主管、监管部门另有规定的除外）。同时，在发展过程中，生态中各主体都应准确把握自身发展定位和方向，避免对新兴技术应用的高估而带来的风险暴露。

其次，防范模型和算法风险。模型和算法在数字化转型中承担着重要的职责，因此任何平台、机构或者企业在使用模型时，都应该对模型数据的准确性和充足性进行交叉验证和定期评估，制定并掌控产业数字金融生态的模型和算法管理制度。模型和算法在本质上是处理数据的代码，是一项应用科学技术，但这项技术并不是中立的，尤其是当算法处理的是企业信息时，算法活动就兼具社会活动属性——内涵伦理和社会风险。金融机构和产业数字金融服务平台应审慎调整、优化企业筛选和贷款风险评估模型，并进行压力测试，以确保模型可以经受关键变量压力下的突变表现。对于产业金融的同一场景，可能有多个可解释的模型，因此也应当注意模型的比较与选择。

五、金融机构因地制宜聚焦特定产业链，打造差异化竞争优势

目前，对公业务产品服务同质化现象较为突出，扎堆和"运动战"现象较为普遍，在上市的金融产品服务中有很多是同行间的相互模仿，并不是从客户需求的角度出发研究、设计产品和服务，品牌的辨识度与客户的接受度均不高。尤其是对中小银行而言，在产品服务同质化的同时价格也不占优势，其生存发展空间不断受到挤压。金融机构亟须通过数字化转型锻造对公业务的差异化竞争优势，而产业数字金融为金融机构特别是中小型金融机

构对公业务创新发展提供了契机。

产业数字金融能够通过业务场景化、资产数字化、风控智能化和经营服务生态化全面提升金融机构的定制化服务能力，帮助金融机构因地制宜，塑造服务特定产业链的差异化优势。在业务推进方面，金融机构拓展对公业务应逐个对产业链突破，深度挖掘产业链的共性和个性，在此基础上搭建平台或与已有平台合作，打造特色业务、产品和服务。对于地方性金融机构而言，可以根据自身服务地方产业积累的经验和资源，有的放矢、有所侧重地加强对特色产业、优势产业、品牌产业的服务。在风险管理方面，金融机构应全面推进风控的数字化、智能化改造。与大型金融机构相比，中小型金融机构的科技研发能力有限，完全依靠自身力量完成风控数字化、智能化改造的压力较大。中小型金融机构要善于借助外部力量，比如借助科技公司的场景数字化、数字资产化等基础能力，沉淀和提升数据资产的价值，提炼和夯实大数据风控的内功，特别是要充分结合自身贴近场景、了解场景、服务当地的优势，通过数字化、智能化的风控手段，将以前在场景中看不见、摸不着、管不着的风险揭示出来，以更好地服务场景，打造差异化的竞争力。在组织方面，金融机构可以根据产业链设立专业化、集约化经营的事业部，打造符合数字时代发展生态融合、价值共生规律的对公业务组织机制。

六、通过对公服务的多元化，提升金融机构产业数字金融服务质效

金融机构可以通过提供投资融资、支付结算、现金管理、财

务管理、国际业务等对公综合化金融服务，更大范围、更广维度地采集、整理和分析企业生产经营数据，提升数据价值，为提升风险管理能力和经营服务生态化提供更多更好的原材料，也为资产在存续期的管理提供更多的方法和渠道。

金融机构不仅要为企业提供快、准、狠的优质精准的金融服务，还要利用金融机构基于数据所产生的对于产业企业的洞察，为企业提供经营管理咨询、产品研发建议、数字化转型方案、人才培养计划等非金融服务。这些非金融服务能够进一步提升企业的经营管理能力，增强生产经营的稳定性和可持续性，进而降低风险，使企业获得额度更高、质量更好的服务，形成良性循环。

七、科技公司更要强内功，做金融机构懂技术、懂金融又懂产业的科技合作伙伴

在产业数字金融生态中，科技企业是连接金融与产业之间的桥梁，是长期合作的科技伙伴。不管是为金融机构提供综合解决方案的科技企业，还是提供数据服务、软硬件服务、系统搭建的科技企业，仅埋头钻研数据如何采集和分析、单一技术创新如何突破是远远不够的，还需要构建并融入技术生态，实现灵活集成创新应用，同时具备看懂、看透金融和产业运作机制及经营模式的格局和眼光。

产业数字金融生态中的科技公司需要具备以下三种能力。

一是懂技术。高度的定制化服务需要高度灵活的集成创新能力，而灵活的集成创新能力的形成需要庞大的技术生态加以支撑。产业数字金融服务的过程涉及庞大的产业场景、复杂的业务

环节、纷繁的处理流程以及需求、特征各异的服务对象，需要按需、按时持续集成技术方案、更新技术理念、优化技术产品。因此，科技公司需要在锻造技术内功的基础上构建并融入技术生态，以技术生态的多样性和先进性为产业数字金融服务提供高效集成的技术解决方案，同时方案在各类场景的落地实施为技术的验证、优化、转化及倒逼创新提供实时动态反馈，实现技术与场景深度交织和良性正向循环。

产业数字金融技术应用实验室

产业数字金融技术应用实验室成立于2020年，由国内信息科学领域泰斗沈昌祥院士领衔，中国技术经济学会、中国中小企业发展促进中心、清华大学互联网产业研究院、聚均科技共同发起成立，下设物联网应用、区块链应用、人工智能应用、大数据应用、云计算应用五大专业委员会。

该实验室是国内首个聚焦于数字科技在产业金融服务领域集成应用和创新的实验室，致力于通过联合生态各方力量，依托真实需求场景，共同探索先进数字技术在金融服务领域的集成创新；并以产业数字金融为引领，推动金融机构高质量数字化转型，提升金融服务实体经济质效。

二是懂金融。科技公司要能够及时领会、遵照监管机构的要求，在金融机构业务逻辑的基础上，看清、读懂金融机构的现实需求和愿景，重点帮助金融机构选择并采集所需要的数据形成关键指标，以实现业务场景化、资产数字化，进而将产业企业的数据加以转化以达到风控要求,并对其进行分析,建立与目标产业风险特征相适应的风控模型。

三是懂产业。科技公司一方面要深入产业,把握产业格局、产业链特色及发展方向,深度了解产业端交易特点和交易风险特征;另一方面要在服务金融机构和产业的过程中,沉淀开发特定产业链的技术共性能力,以实现敏捷对接,帮助金融机构实现相对低成本的产业链场景开发,提升银企对接效率。

八、推动产业企业与金融机构数字化转型同频共振,实现银企高效对接

数字经济时代,产业企业的生产方式、发展模式、企业形态正在发生深刻变化,其数字化转型不仅会影响企业自身的发展质效,还会改变银企关系,影响金融服务的获取方式、范围、质量等。因此,产业企业在加快数字化转型的同时,需要注意与银行数字化转型同频共振,帮助银行更好地理解企业融资需求。

一方面,产业企业应以《中小企业数字化转型指南》为指导,在重点把握数字化、网络化、智能化方向,增强数字化转型意识和提升数字化能力的基础上,采取由易到难、由点到面、长期迭代、多方协同的数字化思路。另一方面,产业企业应主动将企业数据转化为信贷动能,帮助银行更好地理解自身融资需求。一是产业企业应根据实际情况,重点构建大数据平台,对生产制造设备实施联网,实现对设备、工艺等信息的采集;应用质量检测设备,实现生产过程质量信息的采集与追溯;搭建销售服务数字化平台,实现对营销业务数据的采集。在此基础上,使用数

技术对相关数据进行标准化和结构化处理，为银企间数据的高效传输、存储及分析奠定基础。二是在系统搭建时，产业企业应重视系统架构的开放性和安全性，以便与银行系统实现高效对接，更好、更快地与银行搭建低成本、全覆盖、实时、动态、精准的风险管理体系，实现银企共同管控风险。

九、政府部门鼓励数据共享，支持和引导产业数字金融高质量发展

第一，打破数据壁垒，鼓励数据共享。政府可以利用多种模式打造产业内公共数据、交易数据、金融数据资源的融合应用平台。例如，地方信用信息共享的"征信+融资平台"模式、强调生态与统筹发展的"平台的平台"模式、围绕资源整合与产业重构的"政企合作赋能产业集群"模式、强调信用主体的"票据平台"模式等。地方政府在搭建相关平台的同时，也要考虑到可能存在的重复建设问题。地方政府在平台建设的过程中，应注意加强同一产业链上不同平台的数据整合，探索产业数字金融平台综合、统一的建设方案，打破"信息孤岛"，落实《中共中央 国务院关于加快建设全国统一大市场的意见》《中共中央 国务院关于构建数据基础制度更好发挥数据要素作用的意见》有关要求，加快构建数据基础制度，做好数据产权、流通交易、收益分配、安全治理等工作；加强政府部门与金融机构、产业企业、金融科技公司等各方合作，逐步整合政府平台中的工商、司法、税务、电力等公共数据。在切实保障个人隐私、商业秘密与敏感数据的前提下，探索运用多方安全计算、联邦学习等隐私计算技

术，建立健全跨地区、跨部门、跨层级的数据融合应用机制，实现数据资源有机整合与深度利用。

第二，支持从事产业数字金融相关业务的科技企业做大做强。产业数字金融服务平台的发展离不开政府的鼓励与政策支持。由于产业数字金融的前期投入成本较高、中短期收益不显著，已经出现原本服务于该领域的科技企业迫于股东压力退出该领域的情况。因此，为更好地发展产业数字金融，发挥其在服务实体经济和经济高质量发展中的价值，建议国家相关部门设立相应的扶持基金，支持从事产业数字金融相关业务的科技企业做大做强，不断丰富产业数字金融每一个细分领域的科技成果。同时，不断提升对产业链、企业资产的数字穿透能力和预警能力，赋能金融机构更好地控制体系内的风险，真正满足实体经济的金融需求。

第三，开展新型金融服务试点示范，鼓励、引导产业数字金融服务平台发挥更大价值。地方政府可以"牵线搭桥"加强金融机构、产业互联网平台、懂技术且懂金融又懂产业的科技公司之间的合作，开展新型金融服务试点示范。一方面，政府可以基于产业数字金融服务平台鼓励并推动产业企业生产制造、营销等设备联网，实现生产过程质量信息和营销业务数据的采集与追溯，联合生态各方制定数据标准化、结构化处理机制，做好银企间数据高效传输、存储、分析等工作。另一方面，政府也可以基于产业数字金融服务平台提供低息贷款、补贴等，鼓励中小微企业和金融机构上平台。在此基础上，鼓励金融机构、产业链上龙头企业以产业数字金融模式为抓手和机制，带动中小企业数字化转型，在进一步稳链、固链、强链，实现供应链、价值链、创新链、数据链、资金链深度融合的同时，拓宽产业数字金融服务辐射面。

十、监管机构不断完善"监管沙盒"制度，鼓励金融机构探索"主体信用+交易信用"的风控体系及授信评级体系

监管机构不断完善"监管沙盒"制度，加强对产业数字金融科技平台的创新支持。中国人民银行通过"监管沙盒"制度为已经成熟的产业数字金融平台进行包容审慎监管。"一行两会"[①]鼓励银行等金融机构在产业金融方面进一步践行"开放银行"的理念，积极拥抱接受沙盒监管的第三方科技平台，规范市场准入机制。

监管机构鼓励金融机构探索"主体信用+交易信用"的风控体系及授信评级体系。支持金融机构建立和完善交易信用信息采集、管理、分享、利用机制，鼓励在特定场景中扩展交易信用信息维度，以及提高关键指标在综合评分卡中的比重，鼓励金融机构逐步探索建立"主体信用+交易信用"综合评分卡模型，实现原有主体信用评价体系的有效补充，建立"主体信用+交易信用"更完备的风控体系。

---

① "一行"是指中国人民银行；"两会"是指中国银行保险监督管理委员会和中国证券监督管理委员会。

第十三章

产业数字金融的趋势与展望

目前，产业数字金融仍处于早期发展阶段。在数字经济时代，随着产业数字化及数字产业化程度不断加深，产业格局、形态以及产业端生产、经营、管理模式不断变革，产业数字金融的服务边界和能力将会持续扩展和跃升，开放合作的广度和深度会不断得到拓展，与 C 端（消费者端）融合进程将加快实现风控管理和产品服务升级，在助力绿色金融 / 转型金融、科创金融等领域，以及对产业链供应链风险的判断和管理上将发挥更大作用。随着数字技术不断创新应用，产业数字金融服务的主动性和连续性将进一步增强，新兴金融科技将赋能产业数字金融迭代发展。

随着数字时代的不断演进和产业数字金融的创新发展，未来产业数字金融将为产业端金融供给不平衡不充分、中小企业融资难融资贵等问题提供更加立体全面、精准高效的解决方案，为实现中国式现代化、构建新发展格局做出更大的贡献。

一、场景精细化、服务定制化程度不断加深，服务边界和能力将会持续扩展和跃升

业务场景的定制化开发是产业数字金融得以顺利开展的重要

基础。业务场景定制化开发的一项重要任务是挖掘场景的特征和亮点，并通过数据的采集、加工和传输将其转化为产业数字金融服务的重要原材料。与C端服务不同，来自不同产业、不同场景、不同成长阶段的不同类型规模的企业所涉及的场景千差万别。数字经济的快速发展催生出众多新产业、新业态、新模式，众多新业务场景不断涌现。无论是原有场景还是新场景，随着数字技术的不断创新应用，场景中颗粒度更细、维度更加细分、类型更加多元的数据会得到采集和传输，原有场景中未能充分体现的特征、被掩盖的差异化特质、被忽视的特点将被持续挖掘，金融机构会对场景中不同业务环节、不同流程处理方式等有更加深刻的理解，甚至会进一步细分业务场景，服务定制化程度也将得到进一步深化。

在场景精细化、服务定制化程度不断加深的同时，服务边界也会进一步扩展。对于中小企业而言，融资是为了解决真实经营中遇到的困难与问题，随着场景精细化、服务定制化程度加深，金融机构对产业链供应链、企业生产经营管理能力的理解将会持续升级，这不仅可以帮助中小企业解决融资难题，同时也可以输出经营管理方面的咨询和赋能服务。目前，产业数字金融的模式主要渗透在金融属性较强的交易环节，未来产业金融生态的数字化进程会覆盖企业的生产制造、产品研发、售后服务、营销管理等方方面面。届时，可将数字化全面嵌入产业企业经营的背景中，以搭建数字化场景的方式做实交易需求与还款来源。虽然在进行流动性贷款风险管理时，构建交易闭环场景的数字化并以交易环节风险作为切入点是目前逻辑最直接、可行性最高的方式，但还款能力的根本基础还是企业的经营管理能力。经营管理能力的穿透除了有赖于交易性资产或者交易环节的数据基础，也包括生产数据、经营数据、管理数据等企业行为数据。随着中小企业数字化转型的持续深入，金融机构有机会获得与企业行为相关的多维度数据，并能够基于算法和模型的大数据处理与分析，以描绘经营管理能力的方式进行风险识别与判断，或者有的放矢地提供赋能经营能力方面的服务——这利用了数字技术和大数据，把产业金融的风险管理向前推进了一步。在此基础上，由"交易数字化"向"交易数字化＋行为数字化"拓展，由"单纯融资服务"向"综合经管服务"拓展，是金融机构立足产业数字金融、完善服务实体经济的可期方向。

二、服务的主动性、连续性将进一步增强，服务效能将持续提升

大数据等金融科技手段在产业链各个环节的广泛应用和集成创新，实现产业链全链条的智能化和数字化，使特定场景下来自各个主体的海量数据可以被高效、及时、稳定地分析并输出相应结论，这助力金融机构用更短的时间、更高的效率识别场景以及了解客户需求。在此基础上，金融机构可以主动识别企业可能存在的问题，用数字技术捕捉新的模式变化，增强创新的主动性，并提出解决方案，进而以行动满足企业客户的期望和需求，实现主动服务。例如，在产业链的企业生产环节，接入具有智能感知系统特性的物联网和边缘计算设备进行监控和采集数据，可以对正在发生的风险事件包括宏观经济波动、季节性特性变化、供需动态变化、价格等进行实时分析，捕捉未来潜在的风险趋势变

化,进行主动预警。

另外,产业数字金融强调充分利用智能化服务与设备,实现全天候不间断服务。货物入库、自动审核、资金到位等一系列动产融资业务的无时差资金到位将是金融便利性的连续化表现。[①]此外,连续性也会体现在金融服务对产业企业成长的支持。从借贷融资到稳定运营,产业企业特别是中小企业都需要来自银行或非银行金融机构以及政府部门的帮助与服务。企业与生态中其他主体间搭建的"数字桥梁"是企业展现自我、提出需求的方式,推进数字化进程是企业在成长过程中让外界听见呼声并获得协助的有效路径。

三、产业数字金融将与 C 端场景融合,实现风控管理和产品服务的升级

制造业服务化是全球性的发展趋势,也是企业谋求向价值链两端发展、获取利润最大化的必由之路。[②]当前,中国服务型制造发展进入加速新时期,出现了系统解决方案、个性化定制服务、在线支持服务等新模式。[③]随着数字经济的快速发展,制造业务与服务业务之间的融合不断拓宽、加深、加快,服务不再仅是产品的补充和延伸,而是逐渐成为企业的重点业务,引起制造

---

① 潘卫东,汪涛."物的银行"白皮书[R/OL].https://www.waitang.com/report/42313.html,2020.
② 闵志慧,何艳敏.制造业服务化创新模式研究[J].现代商贸工业,2021(7):3.
③ 环球网.中国加速"服务型制造"追赶全球制造业脚步[EB/OL].https://baijiahao.baidu.com/s?id=1590359298671185173&wfr=spider&for=pc,2018-01-23.

企业的商业模式变革。例如，小米的企业级智能生态解决方案依靠"软件+硬件"资源优势，通过一系列小米物联网设备实现了产品服务"全品类+多场景+全覆盖"，以廉价硬件和高品质、专业级服务为用户打造一致性的体验闭环，在不断提升服务收益占比的同时逐渐打造了一条 B 端服务护城河。

在此过程中，产业数字金融也会随着制造业服务化的发展大势而做出相应调整，加快自身与 C 端场景融合，实现服务的风控管理和产品服务的升级。业务场景化、资产数字化所构建的产业场景和采集、整理、分析的数据，既包括 B 端场景和数据，也包括 C 端场景和数据，数据的采集标准、管理方法和建模分析方式都会发生改变。风控评估和周期管理会随着产业服务的延伸而拓展，C 端数据能够从侧面反映企业的经营管理情况，一方面使风控评估和周期管理变得更加精准，另一方面更多类型和维度的数据为产品服务创新提供了新原料，产品服务会更加多元、更有针对性。

四、在助力绿色金融/转型金融、科创金融等领域将发挥更大作用

绿色金融/转型金融、科创金融是我国未来金融创新发展的重要领域。产业数字金融的做法能够很好地契合绿色金融/转型金融的发展需求，解决绿色低碳场景、科创企业的风险管理痛点。

（一）绿色低碳发展产业数字金融

绿色低碳是我国未来发展的战略举措，也是可持续发展的迫切课题。金融机构侧重于提高可持续投资［ESG（环境、社会和

公司治理）投资］、碳交易等绿色金融／转型金融服务的营销和定价能力，以及绿色业务流程的管理能力。

目前，中国绿色金融的主要业务集中在支持相对容易识别的绿色基础设施项目。然而，绿色小微和绿色农业等也需要成为绿色金融业务的支持对象，但是这些主体、项目和产品很难被鉴别是否为"绿色"，这就要求业务在计量几乎所有经济活动的碳排放、碳足迹的基础上进行。转型金融也面临类似的情况，如何识别和满足客户低碳转型的需求，是金融机构在推动产业和客户低碳转型方面所面临的挑战。

然而，大多数碳金融创新仍处于试点示范阶段，尚未形成大规模交易，主要原因在于金融机构的碳排放数据监测和分析能力还比较弱。由于没有足够多的可信数据支撑，对碳金融产品的风险管理也不得不持相对谨慎的态度。产业数字金融基于对大数据、物联网、人工智能、区块链和其他金融技术工具的集成创新，能够赋予绿色金融发展动力。利用大数据、人工智能和云计算、区块链等技术，可以实现对碳数据的实时监控、多维获取、智能分析和高效管理。例如，环境大数据之间的关联性可以为绿色金融／转型金融产品创新提供动态数据，有助于金融机构高效筛选并评估绿色金融和转型金融客户支付项目所涉及的风险；利用人工智能构建的绿色和转型项目识别及评估系统将提高绿色识别和评估的效率；云计算技术可应用于搭建碳交易云平台；绿色供应链金融、绿色产业金融科技服务平台需要区块链技术。绿色能源管理与交易等更离不开物联网技术。在贷款投放后，利用物联网、区块链等技术可以实时追踪、监控资金的走向，明确资金的用途，避免绿色信贷资金错用、误用、滥用；还可以反映并分析采购、运输、入库等各环节的绿色程度，为绿色信贷资金的风险评估和发放提供更全面的视角。此外，产业数字金融"主体信用+交易信用"更完备的风控体系可以帮助金融机构实现覆盖贷前风险准入、贷中信贷决策、贷后风险监控全过程的风险评估，从而全方位掌握企业的碳减排能力和潜力，避免为碳减排能力不达标的企业融资，实现应贷尽贷。

（二）产业数字金融与科创金融协同并进

科创企业是落实我国创新驱动和科技强国战略的重要主体，在提升经济活力、增强市场竞争力、增加就业、带动产业发展等方面有重要的作用。以"专精特新"为代表的科创企业通常规模较小，融资难融资贵的痛点多年难解，企业产业端融资供给不平衡不充分问题较为严峻。科创金融是将赋能以"专精特新"为代表的科创企业为目标，通过金融技术创新、服务机制和制度创新，提供全生命周期金融服务的新兴业态。

科创企业与传统企业有着明显区别，具有高技术含量、高投入、高成长、高风险和轻资产的"四高一轻"特征，掌握一定数量的知识产权。为了满足科创企业的融资需求，金融机构在为其提供传统融资服务之外，创新推出知识产权质押融资。但是，知识产权质押融资并没有完全满足科创企业的融资需求。截至2021年末，全国民营企业贷款余额为52.7万亿元，其中全国专利商标质押融资金额为3 098亿元，占比不足0.6%。[①]其原因主

---

① 石青川.知识产权质押融资的堵点在哪儿？[EB/OL]. https://baijiahao.baidu.com/s?id=1732671724273987600&wfr=spider&for=pc，2022-05-13.

要在于以下两个方面。一是知识产权价值评估方式不尽合理，贷款额度受到影响。目前尚未有官方或者公认的权威知识产权价值评估体系，但是很多评估体系所设置的指标游离于知识产权价值之外，而对企业自身的禀赋和资源赋予较大权重，这种评估方式无法真实反映知识产权价值，导致贷款额度受到影响。二是融资流程烦琐且成本高昂。当前在知识产权质押融资过程中，一般会涉及金融机构、会计师事务所、产权评估机构等多个主体，不仅流程和手续烦琐，影响企业贷款效率，还抬高了企业融资成本，加重了科创企业融资负担。部分科技企业进行专利评估的价格甚至相当于实际贷款的一半，成本极高。

而产业数字金融为解决知识产权质押融资问题提供了新思路、新方法。产业数字金融的生态联结能力能够汇聚不同类型的产业企业、金融机构，构建适合科创企业之间知识产权转让的交易场景和适合金融机构服务的融资场景。数字技术的创新应用对知识产权信息进行智能筛选与判断，科学、系统地评价科创融资企业知识产权的应用价值、未来收益及其经营状况、发展潜力、技术前景等，分析受让企业应用知识产权前后的市场前景、组织能力、经营能力、利润状况、信用水平，得出知识产权价值的综合评估结果。在此基础上，金融机构可以结合科创融资企业的资信情况以及受让企业的经营业绩、信誉状况、生产能力等构建智能风控模型，发放贷款。受让企业利用知识产权进行生产销售，以转让费作为融资企业的贷款还款来源。[①]

---

① 王麒超，廖紫如.数字供应链金融在科技型企业中的应用场景探索［J］.金融视线，2021（4）：121-122.

另外，科创企业集群化特征较为明显，尤其是专精特新"小巨人"企业多数位于产业园区中。[①]科创类产业园区一般数字化程度较高，数字化场景丰富且多元，资金流、信息流、物流、商流等数据多维海量，往往能够自成生态闭环，是产业数字金融模式实践的优质载体，提供对公业务的批量化、规模化服务，更好地实现园区内场景聚合、生态对接，以及面向科创型中小企业的一站式综合金融服务的开展。

当然，在解决科创产业金融供给不平衡不充分问题上，产业数字金融模式只是一个有益的补充。如何建立风险分担和风险补偿机制、如何健全知识产权价值评估体系、如何解决知识产权资产处置等问题还需要政府及各类市场主体共同研讨解决。

五、产业数字金融将会对产业链供应链风险的判断和管理发挥更大作用

随着数字经济深化发展（共享经济、轻资产企业增多，市场主体间传导机制加速）、产业分工逐步细化，以及产业链供应链进一步关联交织，中小企业、轻资产企业的数量将越来越多，企业间交易将越发频繁，交易关系将越发复杂。交易信用的出现促使企业以交易数据为主要核心数据，从流动性、周转能力等短期还款能力的角度，叠加交易历史记录，分析企业信用。交易记录越完善、交易模式越安全，则企业的交易信用越好。交易信用对

[①] 王桤伦，郑炫圻，朱毅.商业银行支持专精特新企业的思考[J].西南金融，2022（05）：17-29.

风险的揭示模式与产业链供应链的发展趋势相适应,对产业链供应链整体风险判断将起到越来越重要的作用。

从宏观的角度来说,产业数字金融利用数字技术,以平台为依托,实现对历史数据的积累,深挖数据富矿,释放数据要素价值,可以充分发挥数据在对行业趋势判断、风险预判、交易预测、价格波动、季节性交易特点等方面的优势,甚至可以通过数字化手段充分暴露、极大地降低当前金融系统中各类潜在的风险,打造一个全透明化的数字金融市场,有效控制全社会的系统性金融风险。例如,平台运用人工智能技术智能建模,综合分析产业数据、外部数据以及历史业务数据,实现业务流程优化、数字风控、资产定价等功能,最终实现基于积累数据资产、挖掘数据价值、创设数字信用、形成数字担保四个层次,形成产业数字化场景对接能力和数字化金融服务能力,在产业层次上对风险进行评估,把控当前市场可能存在的系统性风险。结合企业基础信息、历史履约情况和支付层级信息等,实现对客户的全面画像和风险评估,发挥数据促融效能,满足各级供应商"短、频、急"的融资需求。[1]

六、产业数字金融生态各方会进一步强化开放合作,合作广度和深度将不断得到拓展

随着市场环境的加速变化,产业对于金融服务的需求呈现多

---

[1] 吴永飞.吴永飞:新技术助力产业数字金融大发展[EB/OL].金融电子化,https://baijiahao.baidu.com/s?id=1705961664905089331&wfr=spider&for=pc,2021-07-22.

样化、个性化、碎片化的特点。无论是金融机构、核心企业还是政府，单个主体发现需求、解决问题的能力不足以全面推动产业金融均衡发展。因此，建设开放能力将成为产业数字金融下一步发展的重点之一。通过开放能力的建设，融合生态各方，共享、流通并整合多维度数据要素和多元产业资源，以发现产业需求、创造产业价值和赋能实体经济。

目前，很多金融机构都在实施开放战略，以拓展金融服务产业的深度和广度为目标，越来越多的金融机构除了选择与企业之间共建开放功能，还与技术服务商、数据服务商、驱动服务商等科技公司共同搭建第三方开放平台，建设开放生态，拓展服务边界。以银行为代表，自2018年浦发银行推出API Bank（无界开放银行）起，我国的开放银行正式落地。[①] 其后，多家银行在以"数字化""开放""生态"为关键词战略的推动下，涉及合作营销、企业资产能力证明等场景的开放功能逐步实现，促进了产融结合、银企融合和产银数据之间的共享与对接。与单家银行开放数据与服务不同，第三方开放平台也可以充当多家银行与产业之间的中介。科技公司同时与多家银行合作，调用各家开放银行的API并整合、分析信息，为企业优化金融解决方案。在此过程中，金融机构之间的有效联结是第三方开放平台资金端的关键，而在产业端则需要产业企业的注册与使用，第三方开放平台将金融机构、科技公司、产业企业等主体结合起来，实际上也推动着产业数字金融生态的搭建。

产业数字金融作为业务经营数字化的重要战略任务，政府部

[①] 曾刚，李重阳.开放银行的实践与挑战［J］.银行家，2019（6）：12.

门将会持续深化与金融机构、产业企业、科技企业、平台机构等各方的合作，逐步整合政府平台中的工商、司法、税务、电力等公共数据，核心企业、产业互联网平台、ERP 系统、仓储物流系统等平台掌握的产业数据，基于上下游产业链的贸易金融平台类的交易数据，商业银行、保理公司等平台掌握的信贷、支付类金融数据，在切实保障个人隐私、商业秘密与敏感数据的前提下，探索运用多方安全计算、联邦学习等隐私计算技术，建立健全跨地区、跨部门、跨层级的数据融合应用机制，实现数据资源的有机整合与深度利用，构建政府部门、监管机构、自律组织主导建设的平台模式，注重行业内公共数据、交易数据、金融数据资源的融合应用。以特定场景为例，金融机构（也可与科技公司联合）与海关、外经贸、检验检疫、贸促会等口岸服务部门合作，实现双方数据的快速传输、分析、校对，并与政府窗口对接，为涉及对外贸易的产业企业提供在线付汇、购汇、各项审批申报等金融功能，企业可一站式完成多项涉外贸易的操作，提高企业开展跨境贸易的效率。

七、新兴金融科技赋能产业数字金融迭代发展

国际组织金融稳定理事会认为，金融科技是指具有新兴科技属性的，可以对传统金融服务业和传统金融市场产生深远影响的新兴金融产品、金融服务和金融模式。大数据、人工智能等底层技术取得较大进展，传统金融行业以这些技术为基础转型升级，大大提高了金融行业的服务效率，促使金融公司提供更好的产品

与服务，增强金融体系的普惠性。[1] 随着数字科技的发展与数据的大规模利用，由用户创造和主导的，充分实现用户共建、共治、共享价值的 Web3.0（第三代万维网）快速兴起，在此基础上，量子计算、数字孪生、NFT（非同质化代币）、数字人民币等金融科技取得长足发展，这些技术将被用来改造金融市场，进而消除长久以来的"疑难杂症"，[2] 对于提高风险管控能力、促进产品服务模式转型升级、扩大客户范围、建立更加开放的金融体系，以及引领生态化建设等方面具有重要价值。[3]

量子计算是一种遵循量子力学规律，调控量子信息单元进行计算的新型计算模式。与经典计算相比，量子计算拥有诸多优势，例如存得多、算得快、数据信息保护更加有力等。量子计算强大的并行计算能力能够在同等能耗的前提下为银行大幅提升数据存储与数据处理能力；量子通信技术能够利用量子纠缠效应传递信息，极大地增强金融信息网络中数据传输的安全性；量子机器学习能够进一步优化大数据风控模型，更加精准地识别欺诈行为，更好地帮助银行完善贷中、贷后管理。

数字孪生是互联网、区块链、5G、人工智能等技术的集大成者，具有沉浸体验逼真、世界架构完整、经济价值明显等特点和优势。产业金融数字化融合数字孪生技术是未来银行业金融机

---

[1] 张琦.金融科技对我国银行业竞争力的影响研究［D］.北京：对外经济贸易大学，2020：33-36.

[2] 杨东.量子技术是金融科技的终极形态吗？［J］.人民论坛·学术前沿，2021（7）：84-97.

[3] 王静逸，邢磊，李佩芳，等.金融科技：引领商业银行未来业态［J］.现代商业银行，2022（6）：31-35.

构在新一轮金融科技浪潮中占据领先优势的突破口。对金融机构而言，数字孪生技术能够实现产业链及企业生产经营的全链条、全环节透明化，最大限度地降低信息不对称程度，能够更好地实现对企业底层资产的实时管控。尽管数字孪生技术发展前景良好，但也存在一些问题：数字孪生技术发展不久，虚拟模型的仿真水平尚待提升；由于数字孪生系统运行需要在多个不同终端进行部署，需要注意数据安全风险。

NFT是有别于比特币同质化的形式，是独一无二的、易于验证的数字资产，通俗来讲就是数字资产的"身份证"。作为加密资产，NFT除了具备一般加密货币（同质化代币）去中心化、可编程性、可追溯、不可篡改的特性，还具备不可替代性、不可分割性以及独一无二性这三个特点。其中，工具型NFT是指具有特定用途的资产，在金融、数字身份、访问和身份验证、票务、安保、物理资产的代币化、商品认证、供应链等领域具有广泛的用途。因此，NFT的出现为数字世界每组0、1序列打上了唯一的标识。数字资产从此有了明确权属所有人声明，从而围绕该数字资产产生的一系列收益和价值，都将明确且清晰地进行收益分配。基于此，在未来的数字贸易中，核心企业可探索工具型NFT交易平台建设，进一步推动资产数字化、数字IP（知识产权）全球化流通、数字确权保护等相关业态发展，进一步扩展和提升产业数字金融的适用范围和服务能力。

数字人民币，按照国际使用惯例字母缩写为"e-CNY"，是由中国人民银行发行的数字形式的法定货币，由指定运营机构参与运营并向公众兑换，以广义账户体系为基础，支持银行账户松耦合功能，与纸钞硬币等价，具有价值特征和法偿性，支持可控匿名。数字人民币的本质是数字化或者数字形态的现金。数字人民币具有不可重复花费、不可非法复制和伪造、交易不可篡改和抗抵赖等特性，可以实现对交易记录的全流程跟踪。数字人民币已经在融资租赁、智能合约、物流行业创新等场景建设中有所应用。例如，青岛聚量融资租赁有限公司在中国工商银行青岛市分行的支持下，已经向青岛爱尔家佳新材料股份有限公司以数字人民币形式放款400万元，成功落地国内首单数字人民币应用场景下的数字融资租赁业务。该单业务将企业喷涂设备及配套管理App、监控设备纳入数字化租后管理平台，全天候实时采集租赁设备运行情况、位置等信息，依托大数据技术，对所采集信息进行自动分析、归纳与反馈，生成企业经营情况画像；同时预置、预警参数信息，异常数据可实时推送至项目租后管理人员，及时排查处理，形成集经营监控、风险预警于一体的智能平台。该次融资租赁业务的款项以数字人民币形式发放，拓宽了数字人民币的应用场景。

产业数字金融模式不仅能够打造资金闭环、交易闭环，使交易资金流向清晰，而且能够帮助生态各方加快数字化转型步伐，因此可以成为数字人民币的典型应用场景。同时，"产业数字金融＋数字人民币"模式能够帮助政府及监管部门监控资金流向和反欺诈，提高资金利用的精准度和效率。